Langenscheidt

The Girl Without a Memory
Das Mädchen ohne Erinnerung

von Dore Steinert

Langenscheidt

Berlin · München · Wien · Zürich · New York

Übungen und muttersprachliche Durchsicht: Carole Eilertson
Lektorat: Gabriele Dietz
Layout: Ute Weber
Coverfoto: Bildagentur Mauritius Images

www.langenscheidt.de

Umwelthinweis: Gedruckt auf chlorfrei gebleichtem Papier

Druck: Mercedes-Druck GmbH, Berlin
Printed in Germany

ISBN 978-3-468-44107-3

1. 2. 3. 4. 5. * 12 11 10 09 08

Berlin, Charité, Unfallchirurgie
24. 11. 2006

I'm looking for something but I can't remember what it is. I can't see anything. Everything around me is black and wet. I'm in a car and the doors and windows are closed. But water **is pouring in**. It's coming in through the doors and windows and filling up the car. I can't see my feet any more. The water doesn't feel cold but I know it must be **freezing**. I am not afraid any more. I think I'm in shock.

The car is sinking slowly now and I try to stay **calm**: Don't **panic**, just **breathe**.

Stay alive. Don't die.

Just **keep going** ...

---

to pour in [ˌpɔːr ˈɪn] hereinströmen **freezing** [ˈfriːzɪŋ] eiskalt **calm** [kɑːm] ruhig **to panic** [ˈpænɪk] in Panik geraten **to breathe** [briːð] atmen **Keep going!** [ˌkiːp / ˌkept / ˌkept ˈɡəʊɪŋ] Nicht aufgeben!

One

Eve Santer schlug die Akte auf, überflog das Deckblatt und las die erste Zeugenaussage.

Name: Gabriele Löffler
Adresse: Litwiniekowstr. 14a
14387 Berlin
Telefon: 030 – 247 98 98
"Sie lief am Wasser entlang, ich hätte sie eigentlich gar nicht beachtet, aber der Hund hat gerade, also er hat ... Na ja, ich hatte auf jeden Fall etwas Zeit und habe mich umgesehen. Ich habe sie von der Brücke aus gesehen (*Anmerkung: die Zeugin spricht von der Fennstraße am Nordhafen*), zuerst habe ich sie für betrunken gehalten, ich meine, das ist ja in der Nähe vom neuen Bahnhof, da treiben sich ja seltsame Gestalten herum neuerdings. Oder drogensüchtig oder so. Sie war ganz nass. Sie hat nach oben gesehen, ich weiß noch, wie blau ihre Lippen waren. Und dann diese Beule auf der Stirn, und ihr Pullover war auch voll Blut. Da habe ich dann den Krankenwagen gerufen. (*undeutlich*) Nein. Näher hingegangen bin ich nicht."

Eve Santer ließ das Blatt auf den Schreibtisch gleiten. Eine reizende Frau, dachte sie, nicht mehr und nicht weniger hilfsbereit als die meisten.
Das Foto des Mädchens, das mit einer Büroklammer an die obere linke Ecke der Akte geheftet war, zeigte ein blasses, müdes Gesicht, leicht verschwollen, aber noch immer erkennbar hübsch. Jung, höchstens 22 Jahre alt.
"Und?" Eve hob den Kopf und sah den Staatsanwalt fragend an. "Wie geht es ihr?"

"Unterkühlung, Schock, leichte Gehirnerschütterung. Sie haben sie über Nacht beobachtet, ihr Zustand ist stabil."

Sie klappte die Akte zu und reichte sie ihm über den Tisch. "Das freut mich für Sie. Aber ich wüsste nicht, was ich als Kriminalkommissarin damit zu tun haben sollte. Oder irgendjemand sonst in dieser Abteilung hier."

Eve hielt die Akte in der ausgestreckten Hand. Hebbich gab vor, sie nicht zu sehen.

"Erinnern Sie sich an Dr. Golz von der Psychiatrischen Abteilung der Charité?"

"Er hat das Gutachten im Wagenbach-Fall abgegeben. Und bei der Sache mit dem Schönheitschirurgen."

Hebbich nickte. "Und bei etlichen Fällen Ihrer Kollegen. Fähiger Mann."

"Den man sich warmhalten sollte?"

"Er hat mich heute Morgen angerufen und um Hilfe gebeten. Sie erinnert sich an nichts, Frau Santer. Seit drei Tagen."

"Das macht das Ganze nicht zu einem Fall für die Mordkommission, Herr Hebbich", sagte Eve sanft.

"Sie hat eine Gehirnerschütterung und Hämatome am Brustkorb, links oben bis rechts unten, wie von einem Sicherheitsgurt. Abgebrochene Fingernägel. Sie war klatschnass, als sie gefunden wurde. Ich glaube, sie saß in einem Auto, und das liegt wiederum irgendwo in der Spree."

"Dann sprechen Sie mit den Kollegen von der Verkehrsüberwachung." Eve ließ die Akte auf den Tisch fallen. Sie hatten mit sich selbst genug zu tun, ohne die Arbeit anderer Abteilungen mit zu übernehmen. "Und wenn Sie gehen, könnten Sie so nett sein, noch einen Kaffee aufzusetzen?"

Staatsanwalt Gerd Hebbich lächelte müde. Er hatte nicht vor zu gehen. Stattdessen setzte er sich auf den Rand ihres Tisches

und ließ sein linkes Bein leicht vor und zurück schwingen. Die ungewohnte Lockerheit wirkte lächerlich an ihm.
"Das habe ich ja. Sie wissen nicht, wo der Wagen liegt. Kein defektes Brückengeländer, keine Bremsspuren, nichts. War vielleicht sogar ihr Glück. Sie sagen, wenn der Airbag sich geöffnet hätte, wäre sie eingeklemmt worden. Sie hätte keine Chance gehabt, lebend aus dem Wagen zu kommen. Aber auf jeden Fall sieht es so aus, als wäre sie direkt ins Wasser gefahren. Blutalkohol 0,0 Promille. Vielleicht haben die Bremsen versagt."
"Vielleicht hat sie versucht, sich umzubringen."
"Sie war angeschnallt."
"Vielleicht hatte sie keine Ahnung von Technik."
Hebbich schwieg.
"Ich sehe immer noch nicht, inwiefern das ein Fall für die Mordkommission ist. Wie wäre es, wenn Sie das Mädchen einfach fragen?"
"Wir können sie nicht fragen. Wie gesagt, sie erinnert sich an nichts. Ich habe mit Professor Golz gesprochen: retrograde Amnesie, ihr Zustand könnte noch Wochen anhalten. Niemand hat sie als vermisst gemeldet. Außerdem spricht sie nur Englisch."
Eve sah zur Decke. Das war es also. Ihre Englischkenntnisse.
"Frau Santer, Berlin ist Hauptstadt. Wir haben die Anweisung, derartige Vorkommnisse ernst zu nehmen. Sie war gut gekleidet, ein Burberry Trenchcoat, Pulli von Max Mara. Vielleicht gehört sie zum diplomatischen Corps. Wir können nicht die Tochter des amerikanischen Konsuls irgendwo in der Charité versauern lassen. Zehn Minuten nur."
Eve lachte. Zehn Minuten reichten noch nicht einmal aus, um in Berlin einen Parkplatz zu finden.
"Wir suchen das zuständige Konsulat, reichen sie weiter, alle sind glücklich. Frau Santer? Wenn Sie Glück haben, wird

gerade jetzt eine Vermisstenmeldung aufgegeben. Und Sie haben etwas bei mir gut."
"Ich muss die Akte Gerlind noch vorbereiten, wir gehen nächsten Dienstag vor Gericht."
"Unsere Übersetzer sind ans BKA ausgeliehen. Und unser Budget für externe Mitarbeiter ist in diesem Quartal bereits überstrapaziert."
"Ich kann mich nicht daran erinnern, dass das BKA bei unserer letzten Anfrage derart kooperativ war."
Hebbich sprach weiter, als habe sie nichts gesagt.
"Andererseits können wir es uns nicht leisten, uns unterstellen zu lassen, wir würden die Sache leichtnehmen, weil es sich um eine Ausländerin handelt."
"Besonders, wenn die Ausländerin blond ist und einen Burberry trägt", murmelte Eve ungehalten. Aber sie wusste, dass sie verloren hatte.
Sie nahm die Akte und schlug sie wieder auf.
"Ich hätte meinen Kaffee gerne schwarz."

Eine halbe Stunde später saß Eve im Aufenthaltsraum vor einem Fernseher und schob die mit der Akte gelieferte Kassette in den Videorekorder. Die Aufnahmen stammten von einer Untersuchung der neurologischen Abteilung der Charité und waren für Dritte freigegeben.
Das Bild war von einer feststehenden Kamera von schräg oben aufgenommen und von erstaunlich guter Qualität. Davon abgesehen, erinnerte die Situation Eve stark an ihre eigenen Verhörmitschnitte: ein Tisch in der Mitte, sehr einfach, stabil und so schwer, dass er nicht angehoben werden konnte. Keine Lampen, Bücher, Blumentöpfe oder andere Einrichtungsgegenstände, die unter Umständen als Wurfgeschosse dienen konnten. Der Raum war kahl

bis auf die Unterlagen, die der behandelnde Arzt mit in die Untersuchung brachte, und musste genauso hinterlassen werden. Eve nahm an, dass das Krankenhaus wie ihre Abteilung aus Fehlern gelernt hatte, und fragte sich, ob es in dem Raum auch roch wie bei ihnen: nach einer Mischung aus Desinfektionsmittel, Misstrauen und Angst.

Vielleicht bildete sie sich den Geruch aber auch nur ein.

Eve spulte vor, bis Bewegung ins Bild kam. Eine junge Frau wurde hereingeführt, von einem Pfleger leicht am linken Arm gehalten. Sie schien unsicher, hatte den Kopf leicht zwischen die Schultern gezogen und ging mit kleinen, leicht schlurfenden Schritten. Sie war überraschend groß, schlank, ohne zerbrechlich zu wirken. Sportlich, auf die langgliedrige Art einer Langstreckenläuferin oder Tänzerin. Die Beine, die aus einem ausgefransten Herrenbademantel hervorragten, waren muskulös.

Übung 1: Setzen Sie die folgenden Wörter an den richtigen Stellen ein.
(long, here, worry, cold, He, few)

"You can sit **1.** ______ and wait for the doctor. **2.** ______ will be here soon", sagte er in unbeholfenem Englisch.

"Okay", murmelte sie, "thank you. How **3.** ______ do you think I will have to wait? It is a little bit **4.** ______ in here, you know."

Der Pfleger zuckte die Schultern. "Please sit here and wait for the doctor. He'll be here in a **5.** ______ minutes. Don't **6.** ______

Die Einsamkeit schien ihre Unsicherheit noch zu verstärken. Ihre Hände flatterten ziellos vor ihrem Gesicht; sie fanden nichts, woran sie sich festhalten konnten. Die Wände waren glatt und boten keine Ablenkung, es gab kein Bild, kein Fenster. Unwillkürlich suchten ihre Augen die Kamera. Sie ließ sich auf einen Stuhl gleiten und schob die Hände unter die Oberschenkel. Langsam schwankte ihr Körper vor und zurück.

Sie reagierte sofort, als die Tür sich öffnete, offensichtlich stand sie nicht unter Beruhigungsmitteln.

"Hallo." Der Arzt trug ein Tablett mit Kaffee in beiden Händen und schob die Tür mit der Hüfte zu. Er stellte das Tablett vorsichtig auf dem Tisch ab und setzte sich ihr gegenüber. Die junge Frau zog die Hände unter ihren Beinen hervor und nahm die Tasse, die er ihr anbot, mit einem angespannten Lächeln entgegen.

"I'm sorry. It took me longer than I thought. But I've brought you some coffee to **make up for it**, okay? I don't know **whether** you like your coffee black or with milk, strong or **weak** so I**'ve brought** some extra milk and sugar **along**. And some cheese and **biscuits**. Even a piece of cake."

Das Mädchen sah ihn an, ohne zu lächeln. Ihre leicht verfilzten Haare trug sie im Nacken zu einem nachlässigen Knoten gebunden. Das Gesicht war sehr jung, offen und ungeschminkt, hübsch, aber ohne besondere Merkmale: die Art von Gesicht, aus dem sich mit Make-up eine Schönheit machen lässt. Sie blickte die Tasse ein wenig misstrauisch

---

to make (made, made) up for it [ˌmeɪk / ˌmeɪd / ˌmeɪd 'ʌp fə ɪt] zur Entschädigung **whether** ['weðə] ob **weak** [wiːk] schwach **to bring (brought, brought) sth. along** [ˌbrɪŋ / ˌbrɔːt / ˌbrɔːt / ə'lɒŋ] etw. mitbringen **biscuit** ['bɪskɪt] Keks

an und nahm dann einen vorsichtigen Schluck. Sie verzog ihren Mund vor Widerwillen.
“**Maybe** you should put a **lump** of sugar in.” Dr. Golz lächelte ihr aufmunternd zu und schob die Zuckerdose in ihre Richtung. Die junge Frau zögerte.
“I think I’ll try it with some milk.”
Dr. Golz beobachtete aufmerksam, wie sie ihren Kaffee trank. Das Mädchen brach in Tränen aus.
“This is terrible. I can’t even remember how I like my coffee. Black? A **drop** of milk? Some sugar?”
Sie sprang auf, lehnte sich über den Tisch und sprach mit großer Eindringlichkeit.
“I’m so **unhappy**. I can’t remember my name. I don’t **recognize** my face in the **mirror**. Can you **imagine** how that feels?”
“I understand that you are worried. But it isn’t **unusual** to have a **loss of memory** – **amnesia** – after a shock or an accident. Your memory will come back **eventually**.”
Die junge Frau ließ sich nicht beirren. Eher schien es Eve, dass die Ruhe in seiner Stimme ihre Erregung weiter anfeuerte.
“Eventually! What if I have a baby waiting somewhere for me right now? It could be **starving to death** while we are sitting here. My baby could die!”

---

maybe ['meɪbi:] vielleicht **lump** [lʌmp] Stück **drop** [drɒp] Tropfen **unhappy** [ʌn'hæpɪ] unglücklich **to recognize** ['rekəgnaɪz] erkennen **mirror** ['mɪrə] Spiegel **to imagine sth.** [ɪ'mædʒɪn] sich etw. vorstellen **unusual** [ʌn'ju:ʒʊəl] ungewöhnlich **loss of memory** [ˌlɒs əv 'memərɪ] Gedächtnisverlust **amnesia** [æm'ni:zɪə] Amnesie **eventually** [ɪ'ventʃʊəlɪ] eines Tages **to starve to death** [ˌstɑ:v tə 'deθ] verhungern

Übung 2: Sind die folgenden Sätze wahr? Kreuzen Sie die zut ffenden Aussagen an.

1. Γhe girl can't remember her name.
2. Γhe girl is unhappy.
3. 'he girl is **fat**.
4. :he girl speaks German.
5. Γhe girl had an accident.
6. Γhe girl is a teenager.

Dr. Golz blieb sehr ruhig und bestimmt.
"Now **calm down**. We **examined** you and we are certain that you have never been **pregnant**. Believe me, you don't have a baby."
"Well, maybe I have a **pet**. A dog or a cat. Maybe my cat **is dying** this very minute. *I just don't know!*"
"Cat or dog?"
Verärgert zog sie ihre Augenbrauen zusammen.
"**I beg your pardon?**"
"Do you have a cat or a dog?"
Das Mädchen schüttelte verwirrt den Kopf. Dr. Golz hatte ihr den Wind aus den Segeln genommen.
"I don't know", flüsterte sie.
"Maybe you have a dog. Maybe it **barks a lot** and **jumps** on your bed at night?"
"I would never let a dog jump onto my bed." Ihre Antwort kam schnell und bestimmt. "I think that's **disgusting**."

---

fat [fæt] dick **to calm down** [ˌkɑːm 'daʊn] sich beruhigen **to examine sb.** [ɪg'zæmɪn] jdn. untersuchen **pregnant** ['pregnənt] schwanger **pet** [pet] Haustier **to die** [daɪ] sterben **I beg your pardon?** [aɪ ˌbeg jə 'pɑːdn] Entschuldigung, was sagten Sie? **to bark** [bɑːk] bellen **a lot** [ə 'lɒt] oft **to jump** [dʒʌmp] springen **disgusting** [dɪs'gʌstɪŋ] ekelhaft

Dr. Golz konnte sein triumphierendes Lächeln nicht ganz unterdrücken, aber es war ein nettes Lächeln, das seine Augenwinkel erreichte. Als freue er sich für sie. Er ließ ihr ein wenig Zeit, bevor er weitersprach.
"Well, I **guess** you haven't got a dog then?"
"I'm sure I haven't got a dog. Is this the way you work?", fragte sie vorsichtig. Verwundert über die unerwartete, absolute Sicherheit, die sie gerade in sich entdeckt hatte, ließ sie sich auf ihren Stuhl zurücksinken.
Dr. Golz nickte. "The sooner we get you back into your old life, the better ..."
"Wow! Großartige Bildqualität."
Eve blickte auf und starrte ihren Kollegen Bessmann, der ihr über die Schulter sah, verwirrt an. Sie hatte ihn nicht kommen hören.
"Ich geh zum Italiener. Mittagessen. Es ist kurz nach halb zwei. Und in der Kantine gibt es heute elsässische Schlachtplatte."
Sie lachte über seinen Gesichtsausdruck. Elsässische Schlachtplatte gehörte nicht zu den Stärken des Küchenpersonals. Eve stellte den Videorekorder aus. Zu ihrer Überraschung bemerkte sie, dass sie Hunger hatte.

---

to guess [ges] schätzen

Two

Eve fühlte sich seltsam leicht, als sie im Wagen saß, auf dem Weg zur Psychiatrischen Abteilung der Charité, als ob sie in den Ferien wäre. Ihr fiel auf, dass es ein ungewöhnlich milder Tag für November war; fast warm genug, um noch in der Sonne zu sitzen. Manche der Passanten trugen keine Jacken, und wenn sie die Köpfe hoben, spiegelte sich die Sonne in ihren Sonnenbrillen, als habe jemand die Zeit zurückgestellt auf das Ende des Sommers.
Es war ein Fall, der ohne Leiche begonnen hatte, ohne bläuliches, kaltes Fleisch oder Schritte, deren Schall von den weißen Kacheln der Autopsieräume zurückgeworfen wurde. Sie legte den Kopf in den Nacken und spürte Wind auf dem Gesicht. Zwischen den allerletzten Blättern der Bäume war der Himmel blau und voller Licht.
Eve hatte noch eine halbe Stunde Zeit. Sie suchte ein Restaurant am Wasser und sah hinaus auf die glänzende Oberfläche der Spree. Sie schlug die Akte auf und legte sie neben ihren doppelten Espresso. Die Informationen waren spärlich.

Selbstbeschreibung Patientin 374/11/06
I'm **blonde**, about 5 **feet** 8 **inches** tall, **approximately** 22 years old, and I **weigh** 55 kilograms. I guess I'm quite **pretty**. I've got three tattoos. There's an **eagle** on the top of my left arm and a Japanese fish, a koi, on my right shoulder. The third tattoo is **rather** strange – just a number:

---

blonde [blɒnd] blond **foot** [fʊt] Fuß **inch** [ɪntʃ] Zoll **approximately** [ə'prɒksɪmətlɪ] ungefähr **to weigh** [weɪ] wiegen **pretty** ['prɪtɪ] hübsch **eagle** ['i:gl] Adler **rather** ['rɑ:ðə] ziemlich

2026. Maybe it's part of a telephone number? **I'm** not **wearing** any **jewellery** – no **earrings** or rings. But I do have nice hands. My **fingernails** are short and **unvarnished**. I am not a **Barbie doll**. I think I like running and swimming. Maybe I'm an **athlete**.

Eve ließ die Akte sinken und sah ihre Hände an. Auch auf sie schien diese Beschreibung zuzutreffen. Was hätte sie sonst noch zu sagen, wenn sie an das Gesicht dachte, das sie jeden Morgen sah, wenn ihre Hand nach dem Duschen den milchigen Spiegel blank wischte? Mittellanges Haar, meist fransig, immer eigentlich: ein ewiger Kampf. Praktisch, ja, und sportlich, obwohl sie ein wenig zugenommen hatte, seit sie vor zwei Jahren mit dem Rauchen aufgehört hatte. Eine Nase, die leicht schief im Gesicht saß seit dem Splitterbruch vor fünf Jahren. Leicht abstehende Ohren und ein Busen, den ihr erster Freund besonders geliebt hatte.
An was würde sie sich erinnern können? An ihren Mann oder an seine Beerdigung? Wie fühlte es sich an, sich an nichts zu erinnern?
Eve schloss die Augen und fühlte die Sonne auf dem Gesicht. Diese Tage waren zu selten, um sie zu verschwenden. Jede einzelne Sekunde sollte man genießen. Hier und jetzt.
Ihr Hochgefühl hielt an, bis sich die automatischen Türen der Charité mit leisem Zischen hinter ihr schlossen.

---

to wear (wore, worn) sth. [weə / wɔː / wɔːn] etw. tragen **jewellery** ['dʒuːəlrɪ] Schmuck **earring** ['ɪərɪŋ] Ohrring **fingernail** ['fɪŋgəneɪl] Fingernagel **unvarnished** [ʌn'vɑːnɪʃt] unlackiert **Barbie doll** ['bɑːbɪ dɒl] Barbiepuppe **athlete** ['æθliːt] Sportlerin

Übung 3: Finden Sie die passende Bezeichnung – tragen Sie den richtigen Buchstaben ein.

1. You can wear it on your finger	**a.** shoulder
2. A kind of bird	**b.** mirror
3. A Japanese fish	**c.** grandmother
4. A favourite pet	**d.** eagle
5. Your mother's mother or your father's mother	**e.** dog
6. You can see your face in a ...	**f.** ring
7. You can find this between your head and your arm	**g.** koi

Dr. Golz erwartete sie bereits am Eingang der Psychiatrischen Abteilung, als sie aus dem Aufzug trat. In den Zimmern hinter ihm war alles ruhig, als er Eve den Gang hinunterführte.
"Sie ist im Augenblick noch einmal unten in der Notaufnahme, für einen kurzen Blick auf ihre Fäden – die Kopfwunde wurde mit einigen Stichen genäht, wie Sie wissen. Sie sollte aber in einer Viertelstunde zurück sein. Wenn Sie wollen, rufe ich unten an, damit es schneller geht."
Eve lächelte. "Danke, aber ich glaube nicht, dass das nötig ist. Ich hätte mich sowieso gerne zuerst mit Ihnen unterhalten."
Kurze Zeit später saß sie Dr. Golz in dem Behandlungszimmer gegenüber, das sie bereits im Video gesehen hatte.
"Sie können die Unterlagen durchsehen, wir haben die schriftliche Zustimmung der Patientin. Zuerst einmal: Ihre Amnesie scheint echt zu sein."
Eve sah ihn verwirrt an. "Gibt es auch unechte?"
Golz grinste. "Haben Sie Kinder?" Er nickte, als er das Verständnis auf Eves Gesicht sah. "Sie würden sich wundern, wie oft das vorkommt. Das Prinzip ist das gleiche: Ich war es nicht. Ihr könnt mir nichts beweisen. Erst ist es das einge-

worfene Garagenfenster, dann die verpasste Examensprüfung an der Universität. Dann gibt es natürlich noch die Fälle, in denen die Patienten sich durchaus erinnern können, es sich selbst aber nicht eingestehen wollen."

"Und diesen Fall können Sie hier ausschließen?"

Golz nickte. "Was den heutigen Stand der Diagnostik betrifft, mit an Sicherheit grenzender Wahrscheinlichkeit. Bis auf die Amnesie scheint sie psychisch völlig gesund zu sein. Der beste medizinische Rat, den ich geben kann, lautet, noch etwas zu warten. Unser erstes Anliegen besteht darin, ihre Identität festzustellen, damit die Patientin Kontakt mit ihrem alten Leben aufnehmen kann. Freunde, Familie, der alte Job, die Schule ... Meist kommen die Erinnerungen dann sehr schnell von allein wieder. Was allerdings in ihrem Fall etwas schwierig ist ..." Er blätterte einen Stapel von Formularen und Ausdrucken durch, teils handschriftlich verfasst, teils getippt oder gedruckt.

"Wir waren nicht sehr erfolgreich." Dr. Golz grinste entschuldigend. "Den Akzent hat keiner von uns erkannt – reines MTV, würde ich sagen. International wie ihr Musikgeschmack oder ihre Essensvorlieben. Ich denke, reines Britisch oder Irisch war es nicht – das hätte ich nämlich nicht verstanden."

Er schob die Ausdrucke achtlos zur Seite.

"Lassen Sie mich sehen ... Das könnte interessant für Sie sein. Wir haben versucht, ihre Nationalität festzustellen, damit wir uns wenigstens an ein Konsulat wenden können. Wir haben einige Fragen aus dem Internet gesucht."

Eve überflog die Papiere, die Golz ihr über den Tisch reichte. Es waren simple Fragen zu den verschiedenen englischsprachigen Nationen. "One of the **traditional** music instruments of ---- is called a didgeridoo", las sie.

---

traditional [trə'dɪʃnəl] traditionell

Übung 4: Wie nennt man die Staatsbürger der folgenden Länder? Tragen Sie die Bezeichnungen ein, wie im Beispiel vorgegeben.
In wie vielen dieser Länder ist die Landessprache Englisch?

1. Great Britain ___*the British*___
2. Germany ____________
3. France ____________
4. Canada ____________
5. Spain ____________
6. Italy ____________
7. Australia ____________
8. New Zealand ____________
9. U.S.A. ____________
10. Scotland ____________

The number of countries where English is the main language spoken: ______

“Es ging uns erst einmal darum, die Möglichkeiten einzuschränken”, sagte Golz. “Damit wir genauer wissen, wo wir suchen müssen. Ich denke, das ist auch in Ihrem Interesse.”
Eve nickte.
“Die Fragen waren sehr einfach. Wir wollten lediglich sehen, wie schnell sie reagiert – ob sie sich bei der Beantwortung auf gelebte Erinnerung stützt oder auf angelerntes Wissen. Wir haben die Zeit gestoppt.”
Eve beugte sich wieder über das Papier. Vier Fragen waren

in weniger als fünf Sekunden beantwortet worden. Die Antworten lauteten Neuseeland und Australien.
"Ich glaube nicht, dass sie Amerikanerin ist", fuhr Golz fort. "Frage neun hat sie nicht gelöst, den **Mardi Gras** in New Orleans. Eine Amerikanerin hätte das eigentlich wissen müssen. Und für Frage zehn hat sie recht lange gebraucht: **Britannia rule the waves** – ich glaube, eine Britin hätte das sofort erkennen müssen. Die singen das doch immer noch jeden Tag in der Schule, oder nicht?"
Eve schüttelte den Kopf. "Ich glaube, das verwechseln Sie mit Amerika. Fahneneid und Nationalhymne. Aber sicher bin ich da nicht."
"England und Irland haben wir schon wegen des Akzents ausgeschlossen. Für die Fragen nach Südafrika hat sie lange gebraucht und sie war sich nicht sicher. Ich würde nicht mein letztes Hemd darauf verwetten, aber ich tippe auf Neuseeland oder Australien. Schon weil sie wusste, dass der **Platypus** ein in Australien lebendes Säugetier ist."
Die Antwort war in einer feinen, leicht nach rechts geneigten Handschrift eingetragen.
"Frage acht hat sie auch beantwortet", sagte Eve. "'The **nation** in which you are forbidden to bring in **spices** and **corn**.' Neuseeland. Stimmt das wirklich?"
Dr. Golz nickte. "Da scheint es ein relativ anfälliges Ökosystem zu geben. Und ich habe mal gelesen, dass sie den viertgrößten angepflanzten Fichten- oder Kiefernwald weltweit haben

---

Mardi Gras [ˌmɑːdɪ ˈgrɑː] Karneval **Britannia rule the waves** [brɪˈtænjə ruːl ðə ˈweɪvz] Beherrsche die Meere, Großbritannien **platypus** [ˈplætɪpəs] Schnabeltier **nation** [ˈneɪʃn] Land **spice** [spaɪs] Gewürz **corn** [kɔːn] Mais

... aber egal. Jedenfalls keine Frage, die man so einfach aus dem Allgemeinwissen heraus beantworten könnte."
"Hm – Neuseeland also?"
"Oder Australien. Eine Reise in das andere Land ist für viele Leute dort so selbstverständlich wie für uns eine Fahrt nach Italien. Aber wohlgemerkt, ich bin nicht sicher. – Ach, und da wäre noch etwas."
Er suchte einen weiteren Ausdruck heraus und reichte ihn Eve. Es war die Abschrift eines Gesprächs.

Patient: "Water? What do you **mean**?"
Dr Golz: "Just say something. Anything. What's the first thing you think of when you hear the word water?"
Pause. Patient zögernd, aber ohne große emotionale Beteiligung.
Patient: "Fun ... **beaches** ... **waves**."
Dr Golz: "What about **darkness**? **Drowning**?"
Patient: "Yes ... it's strange, really. I remember sitting in a car and the water was **rushing in**. But my **gut feeling** about water is – that it's fun."

Eve sah Golz fragend an.
"Ich denke, sie war Sportlerin. Eigentlich hätte sie eine Todesangst haben müssen. Aber Wasser war ihr das ganze Leben lang vertraut, das sitzt offensichtlich tiefer ... und hat ihr vielleicht das Leben gerettet. Sie muss irgendwo in der Nähe von Wasser gelebt haben."
Sie wurden von einem leisen Klopfen unterbrochen.

---

to mean (meant, meant) sth. [miːn / ment / ment] etw. meinen **beach** [biːtʃ] Strand **wave** [weɪv] Welle **darkness** [ˈdɑːknəs] Dunkelheit **to drown** [draʊn] ertrinken **to rush in** [ˌrʌʃ ˈɪn] eindringen **gut feeling** [ˈgʌt fiːlɪŋ] Bauchgefühl

"Dr. Golz?" Die Stimme des Mädchens war fast noch leiser als auf dem Video, eine volle Altstimme, überraschenderweise ein wenig rauchig.
"The nurse told me you were waiting for me. But I can come back another time if you are busy."
"Actually, we were waiting for you. My name is Eve Santer." Eve erhob sich und schüttelte der jungen Frau die Hand. Das Mädchen erwiderte ihren Händedruck mit einem festen Griff und lächelte höflich. Ihre Augen blieben unbeteiligt.
"Nice to meet you. What do you want?"
"I want to help you find out who you are. I have some **experience identifying** people."
Eve war froh, dass die junge Frau sich nicht genauer erkundigte, worin diese Erfahrung wirklich bestand. Normalerweise begann die Arbeit damit, Zahnschemata und die Zeichen alter Verletzungen aus der Pathologie durchzusehen.
Stattdessen fragte das Mädchen: "Are you from the American **embassy**?"
Eve schüttelte den Kopf. "I'm a policewoman. My father was an officer in the US **Air Force**. He **was stationed** in Böblingen. That's in South Germany, **close to** Stuttgart. I guess, I **inherited** his accent."
"**I see**", antwortete das Mädchen. Ihr Gesicht blieb ausdruckslos. Eve hätte sich ins Gesicht schlagen können. In nur wenigen Sätzen hatte sie das Mädchen an das erinnert, was sie selbst nicht hatte: einen Namen, einen Beruf und eine Vergangenheit.

---

experience [ɪk'spɪərɪəns] Erfahrung **to identify sb.** [aɪ'dentɪfaɪ] jdn. identifizieren **embassy** ['embəsɪ] Botschaft **Air Force** ['eə fɔːs] Luftwaffe **to be (was/were, been) stationed** [biː / wɒz /wɜː / biːn 'steɪʃnd] stationiert sein **close to** ['kləʊs tə] in der Nähe von **to inherit** [ɪn'herɪt] erben **I see.** [ˌaɪ 'siː] Verstehe.

Übung 5: Beantworten Sie die folgenden Fragen wie im Beispiel in kurzen Sätzen mit "Yes" oder "No".

1. Is the girl German?

   No, she isn't. ______________________

2. Is Dr Golz the girl's doctor?

   ____

3. Does the girl like water?

   ____

4. Is the girl athletic?

   ____

5. Does Eve have an American accent?

   ____

6. Was Eve's father a policeman?

   ____

7. Has the girl got any jewellery?

   ____

8. Can the girl remember playing an instrument?

   ____

9. Does the girl have a tattoo on her foot?

   ____

10. Can you play the didgeridoo?

   ____

"Have you remembered anything else?"
"**I'm afraid not** – **except** that I like Robbie Williams." Sie lachte unsicher. "And I don't think I'm a student here in Berlin. I've been looking at pictures of the universities, and I didn't recognize a thing." Ihre Stimme hatte zu zittern begonnen. Eve fiel auf, dass ihre Fingernägel bis auf das Fleisch abgekaut waren.
"I'm sorry. It's awful not being able to remember anything."
"Your memory **will improve** when we find your home and your family. I promise." Golz lächelte sie an.
"I will start checking with the embassies tomorrow", versicherte ihr Eve.
"Yes. Thank you. You've been very kind." Sie wischte sich mit dem Ärmel über die Augen, eine sehr kindliche Geste, die Eve an die fünfjährige Tochter ihrer Cousine erinnerte. Katrin, ihre eigene Tochter, war gerade dreizehn geworden.
"Do you have a headache?", fragte Dr. Golz seine Patientin sanft.
Sie zuckte mit den Schultern. "A **slight** headache."
"Well, you **are recovering** from **concussion**. I guess you have had enough for today. Why don't you go and have some coffee while I talk to Mrs Santer for a few minutes. Then we will take you back to your room."
Sie sah nicht aus, als läge ihr viel daran, Kaffee zu trinken – ein Rat, der Eve darüber hinaus medizinisch fragwürdig erschien –, aber sie schenkte sich höflich eine halbe Tasse ein, während Dr. Golz Eve Santer hinaus auf den Gang begleitete.

I'm afraid not. [aɪm əˌfreɪd ˈnɒt] Leider nicht. **except** [ɪkˈsept] außer **to improve** [ɪmˈpruːv] sich verbessern **slight** [slaɪt] leicht **to recover** [rɪˈkʌvə] sich erholen **concussion** [kənˈkʌʃn] Gehirnerschütterung

“Das ist mir jetzt ein wenig peinlich”, gestand er, als er die Tür zum Besprechungszimmer hinter sich geschlossen hatte, “aber andererseits denke ich, dass Sie das Problem verstehen. Medizinisch gesehen habe ich im Augenblick keinen Grund, sie hier auf der Station zu behalten. Die Notaufnahme hat sie offiziell entlassen; sie wird aufgrund der Gehirnerschütterung noch einige Tage Kopfschmerzen haben, allerdings nichts, was überwacht oder behandelt werden müsste. Und wir wissen noch nicht einmal, ob sie überhaupt krankenversichert ist.”
Er schwieg betreten. Eve ahnte, worauf er hinaus wollte.
“Ich will nicht gefühllos sein, aber wir können es uns eigentlich nicht erlauben, sie noch länger hierzubehalten. Zumindest nicht in einem Einzelzimmer. Ich müsste sie auf die offene Station in ein Viererzimmer verlegen, und glaube ich nicht ... Ich glaube nicht, dass diese Umgebung das Richtige für sie wäre.”
Golz sah zur Tür und schwieg. Eve kannte das Gefühl, gezwungen zu sein, gegen seine Überzeugungen zu handeln, weil für die erforderlichen Maßnahmen kein Geld vorhanden war.
“Vielleicht hat Ihre Abteilung eine Möglichkeit, sie unterzubringen?”
“Bei unserem Etat könnte ich sie jederzeit problemlos in eine Ausnüchterungszelle stecken.”
“War ja nur eine Idee.” Golz ging vor, um sie zum Aufzug zu bringen.
Eve dachte an den Stau in der Innenstadt, die sie morgen wieder durchqueren müsste, daran, wie es wäre, selbst eine Nacht in der Psychiatrie verbringen zu müssen. Den letzten Ausschlag gab die Geste, mit der das Mädchen sich die Tränen abgewischt hatte.

Three

Am Abend des nächsten Tages saß die junge Frau an Eves Küchentisch.

"I will start checking with the embassies tomorrow. **Someone must have approved** your **visa** somewhere, and as your German isn't too good yet, I guess you arrived **recently**.

Übung 6: Unterstreichen Sie das passende Verb.

So I **1.** *(know/hope)* I can **2.** *(find/fall)* out who you are today. Just **3.** *(travel/stay)* here and **4.** *(relax/remember)*. You can **5.** *(write/read)* a book if you **6.** *(love/like)*. I will **7.** *(take/put)* a new **toothbrush** in the bathroom and **8.** *(lose/leave)* a **spare key** on the kitchen table. Perhaps you will **9.** *(want/forget)* to **10.** *(come/go)* for a walk.

Katrin will be back after school, and she will be **thrilled** if you are still here."

Das Mädchen lächelte schüchtern. "I will be. It's not as if I have anywhere to go."

"Then let me show you the guest room."

"I ... thank you, Eve. Thank you so much. I always thought Germans were impolite and rather **unemotional**. And here you are – you don't even know me ..."

Das brachte Eve zum Lachen.

---

someone must [ˌsʌmwʌn ˈmʌst] jemand muss **to approve sth.** [əˈpruːv] *hier:* etw. erteilen **visa** [ˈviːzə] Visum **recently** [ˈriːsntlɪ] vor Kurzem **to relax** [rɪˈlæks] sich entspannen **toothbrush** [ˈtuːθbrʌʃ] Zahnbürste **spare key** [ˌspeə ˈkiː] Ersatzschlüssel **thrilled** [ˈθrɪld] begeistert **unemotional** [ˌʌnɪˈməʊʃnəl] emotionslos

“**No big deal.** It’s not the first time that somebody has stayed overnight, you know. **Besides**, Katrin likes you. Her English will improve, and believe me, her teachers tell me she has to improve quickly.”
Sie öffnete eine Flasche Rotwein.
“This could be a great **opportunity** for you, don’t you think?”, fragte sie.
Das Mädchen schob ihr Glas über den Tisch. “I beg your pardon?”
“**In a way** you are just like a baby – you are just a few days old now. You could become anybody – a pilot, a **vet** ... even an **accountant**. Aren’t you **curious**?”

Übung 7: Verneinen Sie das Verb in den folgenden Aussagen, wie im Beispiel vorgegeben.

1. She is curious.

She isn't curious. ______________________

2. She has got a headache.

____

3. She can remember everything.

____

4. She is German.

____

No big deal. [nəʊ ˌbɪg ˈdiːl] Das ist nichts Besonderes. **besides** [bɪˈsaɪdz] außerdem **opportunity** [ˌɒpəˈtjuːnətɪ] Chance **in a way** [ˌɪn ə ˈweɪ] gewissermaßen **vet** [vet] Tierärztin **accountant** [əˈkaʊntənt] Buchhalterin **curious** [ˈkjʊərɪəs] neugierig

5. Cats bark.

6. She drinks her coffee with sugar.

7. Dr Golz is a policeman.

8. Eve knows who the girl is.

"Curious? No. Just **frightened**", sagte das Mädchen.
Eve drehte ihr Weinglas zwischen den Handflächen und sah aus dem Fenster.
"I wish I was as free as you ... I was twenty-four when I had my daughter. The first years **were a struggle**." Sie beugte sich vor und stellte das Weinglas auf den Tisch.
Die junge Frau schwieg immer noch.
"Today I have to pay bills and buy new things for Katrin – don't **misunderstand** me, I like my job and family, but there is not much room for change. But **the world is your oyster**. Sometimes I **wonder** what **would have happened** if things **had been different**. Everybody does. And you are one of the few who will get a chance to change your life."

---

to be frightened [biː ˌfraɪtnd] Angst haben **to be a struggle** [biː ə 'strʌgl] anstrengend sein **to misunderstand (misunderstood, misunderstood) sb.** [ˌmɪsʌndə'stænd / ˌmɪsʌndə'stʊd / ˌmɪsʌndə'stʊd] jdn. falsch verstehen **The world is your oyster.** [ðə 'wɜːld ɪz yər 'ɔɪstə] *hier:* Die Welt ist eine Wundertüte. **to wonder** ['wʌndə] sich fragen **to happen** ['hæpn] geschehen **different** ['dɪfrənt] anders

"Maybe you'll change your life too. Katrin will be grown up in a few years."
Eve schüttelte den Kopf.
"I will be **financially responsible** for her for another ten years. And after that, my mother will be about seventy, so I'll have to take care of her. There will be changes, of course. But small changes – something like **joining** a **drama group** or taking up **gardening**. Nothing **revolutionary**."
"Maybe tomorrow I'll meet my **fiancé**. And I won't recognize him. What do you think of that?"
"He'd give you all the time you need."
"Yes, and **in the meantime** he'd ask me to **do the laundry** and **pick up** his shirts from the **dry cleaner's**!"
Eve lachte. "Do you think you won't like him then? Your **personality** hasn't changed, after all."
"Maybe I am Ethel, a **catholic nun**", meinte das Mädchen.
"On a **mission** into the deepest African **jungle**."
"Or Millicent, the accountant."

---

financially [faɪ'nænʃəlɪ] finanziell **responsible** [rɪ'spɒnsɪbl] verantwortlich **to join sth.** [dʒɔɪn] bei etw. mitmachen **drama group** ['drɑːmə gruːp] Theatergruppe **gardening** ['gɑːdnɪŋ] Gartenarbeit **revolutionary** [ˌrevə'luːʃənərɪ] weltbewegend **fiancé** [fɪ'ɒnseɪ] Verlobter **in the meantime** [ɪn ðə 'miːntaɪm] in der Zwischenzeit **to do (did, done) the laundry** [duː / dɪd / dʌn ðə 'lɔːndrɪ] Wäsche waschen **to pick up sth.** [ˌpɪk 'ʌp] etw. abholen **dry cleaner's** ['draɪ ˌkliːnəz] Reinigung **personality** [ˌpɜːsə'nælətɪ] Persönlichkeit **catholic** ['kæθlɪk] katholisch **nun** [nʌn] Nonne **mission** ['mɪʃn] Missionsreise **jungle** ['dʒʌŋgl] Dschungel

Übung 8: Ordnen Sie den folgenden Tätigkeitsbeschreibungen die passende Berufsbezeichnung zu. Tragen Sie den richtigen Buchstaben in das Kästchen ein.

1. She works in a school.	**a.** policewoman
2. She works in an office.	**b.** pilot
3. She catches criminals.	**c.** gardener
4. She works in a hospital.	**d.** teacher
5. She flies planes.	**e.** accountant
6. She looks after **plants**.	**f.** vet
7. She helps animals.	**g.** doctor

Eve musste lachen. "Meredith the **mobster**. Here. Have some more wine."

Sie nahm einen weiteren Schluck und sagte nachdenklich: "I **hated** my name when I was a kid. 'Eve' **sounded** old-fashioned and **boring**. I wanted to have an **exotic** name ending with 'a'. Like a Russian **princess**."

"Ending with 'a'?"

"Arabella. Isabella. Natasha. Natasha was my favourite for a while. Until a **neighbourhood boy** said that my ears were as big as Dumbo's. That's what everybody called me."

"Dumbo, the flying elephant? That's a **tough** one."

"A bad memory."

"Yes", sagte das Mädchen, plötzlich nachdenklich. "I **had forgotten** about those."

---

plant [plɑːnt] Pflanze **mobster** (AE) ['mɒbstə] Gangster **to hate sth.** [heɪt] etw. hassen **to sound** [saʊnd] klingen **boring** ['bɔːrɪŋ] langweilig **exotic** [ɪg'zɒtɪk] exotisch **princess** [ˌprɪn'ses] Prinzessin **neighbourhood boy** ['neɪbəhʊd bɔɪ] Junge aus der Nachbarschaft **tough** [tʌf] übel **to forget (forgot, forgotten)** [fə'get / fə'gɒt / fə'gɒtn] vergessen

Sie schrie, den Kopf halb im Kissen vergraben, den Rücken so weit hochgestemmt, dass ihr Körper sich fast von der Matratze hob. Die Bettdecke zwischen ihren Beinen war ein verknoteter Klumpen, der Stoff zum Zerreißen gespannt. Unter den halb geöffneten Augenlidern zuckten die Pupillen hin und her.

"Schhhht." Im Halbdunkel versuchte Eve, noch ganz benommen, die Arme des Mädchens zu fassen. Ein Handrücken traf sie ins Gesicht. Sie kämpfte mit größerer Wut, als Eve erwartet hatte, sie musste ihre ganze Kraft aufbringen, um sie auf dem Bett zu halten. Oder war es Panik? Die Fingerknöchel waren in die Bettdecke gekrallt, weiß vor Anstrengung.

"Leave me alone. I've got to get to it. *I've got to get it! I know it's there!*"

Eve nahm den Kopf des Mädchens zwischen ihre Hände und strich ihr die Haare aus der Stirn.

"It's okay. Everything's fine. Es ist alles in Ordnung. I am here, don't worry. I'm here. Shhh", murmelte sie sanft. "There, there."

"Mama?" Im Flur ging die Lampe an.

Das Mädchen beruhigte sich, aber in dem Licht, das aus dem Flur ins Zimmer fiel, sah Eve, dass ihre Augen immer noch glasig waren.

"Mama, was ist denn los?"

In der Tür stand Katrin, ihre Haare klebten an ihren Wangen, feucht vom Schlaf.

"Nichts. Sie hatte einen Albtraum, das ist alles. Geh wieder ins Bett."

Katrin kam näher. "Aber sie sieht krank aus."

"Sie schläft noch, auch wenn ihre Augen offen sind. Ich kenne das noch von dir, du hattest ständig solche Albträume, als du klein warst."

"Bist du sicher?"
"Geh ins Bett, Katrin, bitte. Ich habe keine Lust, jetzt auch noch mit dir zu diskutieren", sagte Eve müde. Der Radiowecker neben dem Bett zeigte 3 Uhr 31 an. "Und ja, ich bin sicher. Wahrscheinlich erinnert sie sich morgen an nichts. Lass bitte das Licht im Flur an, okay?"
Katrins nackte Füße huschten über die Holzdielen, ein unverwechselbares Geräusch. Es hatte Zeiten gegeben, als dieses Geräusch sie fast jede Nacht geweckt hatte. Eve lächelte – die Erinnerung ist wie ein Hund, der sich niederlegt, wo er will. Wer hatte das noch mal geschrieben?
"Eve?"
Eve drehte sich wieder zum Bett um. Im Halbdunkel wirkten die Augen des Mädchens riesig, feucht und rund wie die Augen eines jungen Seehunds. Kurz bevor ihn ein Knüppel trifft, dachte Eve kurz.
"Yes?"
Das Mädchen schloss die Augen. Tränen rannen unter ihren geschlossenen Lidern hervor, ihr Gesicht war nass davon.
Eine halbe Stunde später saßen die beiden in der Küche, Eve im alten Morgenmantel ihres Mannes, das Mädchen in eine Decke gehüllt. Zwischen ihnen flackerte ein Teelicht in einem Porzellanstövchen.
"Have you ever had a dream where you forgot something?", fragte das Mädchen. Sie sprach langsam, ihre Hände waren fest um die Teetasse geschlungen.
"**For instance**, you want to go out, but you can't find your key? Or you have an **appointment**, but you don't know where. You run for a bus, but you miss it ..."

---

for instance [fər 'ɪnstəns] zum Beispiel **appointment** [ə'pɔɪntmənt] Termin

"You decide to take the train but you miss that too." Eve kannte den Traum.
Das Mädchen nickte. " You just don't make any progress. But you know there's something urgent that you must do."

Übung 9: Bringen Sie die Sätze ins Past Simple, wie im Beispiel vorgegeben. Beachten Sie, dass einige der Verben unregelmäßig sind.

1. I go to bed.

   I went to bed. ________________

2. I fall asleep.

3. I have a dream.

4. In my dream I'm in my car.

5. I have an accident.

6. I try to find something.

7. I can't find it.

8. I feel afraid.

9. I start to cry.

10. Then I wake up.

Eve merkte, dass ihre Hände von ganz allein den Weg zur Küchenschublade gefunden hatten, in denen früher ihre Zigaretten lagen. Eine Erinnerung an Tabakgeruch stieg in ihr hoch, und sie spürte Bedauern, als sie die Schublade entschieden wieder zurückschob. Sie nahm einen Zahnstocher vom Tisch und steckte ihn sich zwischen die Zähne, bevor sie weitersprach.
"I had dreams like that during my **final exams**."
"Yes. I had them when I was at school. But this time it was different. Much **scarier**." Ihre Stimme war leise geworden. Eve schwieg. Auf der Straße fuhr ein Auto vorbei; seine Scheinwerfer zogen eine leuchtende Spur über die Zimmerdecke und verschwanden.
"I was dying. I was looking for something. But I just couldn't find it. And it was getting darker and darker all the time." Das Mädchen zog die Decke enger um sich.
"Do you know what you were looking for?"
Sie schüttelte den Kopf. Sie fasste nach dem Teelicht, tauchte vorsichtig einen Finger in das heiße Wachs und sah zu, wie es auf ihrer Fingerkuppe langsam weiß wurde und erstarrte. Dann löste sie die Kappe von ihrem Finger und ließ sie zurückfallen. Sie schwamm noch ein wenig im flüssigen

---

final exam [ˌfaɪnəl ɪɡˈzæm] Abschlussprüfung **scary** [ˈskeərɪ] unheimlich

Wachs der Kerze, wie ein untergehender Eisberg, wurde transparent an den Rändern und versank.
“No, I can’t remember.”

Übung 10: Das Mädchen kann sich nur bruchstückhaft erinnern – ergänzen Sie die folgenden Sätze. Der erste Buchstabe des gesuchten Begriffs ist angegeben.

1. Everything around her is black and w
2. The water is coming in through the doors and

   w
3. She can’t see her f more.
4. She doesn’t feel c
5. The car is s now.
6. She must stay c

Four

Als Eve am Morgen aus der Haustür trat, war es empfindlich kühl geworden. Kleine Atemwolken wehten vor ihrem Gesicht wie Rauch. Der Wagen war kalt, aber noch nicht mit Raureif bedeckt. Zeit für Winterreifen, dachte Eve, Zeit für so vieles, was in letzter Zeit liegen geblieben war. Die Tage schienen immer zu kurz zu sein, und es lag nicht nur an der herbstlichen Dunkelheit.
Sie schaltete das Autoradio ein, sobald sie die Hauptstraße erreicht hatte. Sie hatte noch den letzten Song im Ohr, als sie durch die Sicherheitsschleuse am Haupteingang des Präsidiums schritt.
Oben waren die Gänge leer, der Schreibtisch ihres Kollegen Bessmann übersät mit Pappbechern, sein Drucker forderte rhythmisch blinkend neues Papier. Durch den Flur zog ein kaum wahrnehmbarer Geruch von altem Fett und Fisch. Der Kaffee in der Küche war am Ende der Nachtschicht wie Teer, schwarz und völlig undurchsichtig.
Eve nahm sich die letzte saubere Tasse und ging in ihr Büro. Über ihren Schreibtisch kringelten sich Lagen von Faxpapier, sodass sie keinen Platz fand, ihre Tasse abzustellen. Angewidert hob sie einen Zettel hoch, um ihn zu überfliegen:

Brittany Dolgren, geb. 1957
Tourist

Der Einreisestempel zeigte ein Datum vom vergangenen Februar. Sie zog die nächsten Seiten aus dem Stapel:

Tania Maria Smith, geb. 1966
Tourist

Heather Greenwood, geb. 1949
Tourist

Eve ließ die Faxe sinken. Offensichtlich hatten die Botschaften auf ihre Anfrage reagiert, allerdings ohne sich die Mühe zu machen, die Anträge genauer zu sortieren. Stattdessen hatten sie einfach alles geschickt, was ihre Datei hergab, sogar einen Antrag für die Heimatüberführung einer Leiche. Die Fotos waren körnig und schlecht zu erkennen. Eve begann Mitleid mit den Kollegen von Zoll und Einwanderungsbehörde zu bekommen.
Die deutsche Botschaft in Washington hatte mit Hinweis auf den Datenschutz Unterlagen für ein achtseitiges kleingedrucktes Amtshilfegesuch gemailt, zweisprachig und gespickt mit juristischen Fachwörtern. Eve ließ den Kopf auf die Tischplatte sinken.
Eine Stunde später saß sie Everet Rampert, dem zweiten Assistenten des australischen Botschafters, gegenüber und nahm den Kaffee entgegen, den eine zierliche Angestellte ihr reichte.
Sie war der Empfehlung von Dr. Golz gefolgt: Neuseeland oder Australien. Die australische Botschaft war dem Polizeipräsidium um etliche Kilometer näher als die neuseeländische, deshalb war sie hier. Eve schwenkte vorsichtig die Tasse und sah zu, wie die schwarze Flüssigkeit sich schwerfällig bewegte. Der Kaffee hatte einen leichten Rand aus Schaum, auf der Untertasse lag ein kleines Stück Schweizer Schokolade. Der Tag draußen wirkte bereits weniger düster als eben noch. Draußen im Vorgarten waren zwei ältere Männer damit beschäftigt, die letzten Blätter aus den Beeten zu rechen, bevor sie die Rosen mit Tannenzweigen bedeckten.
“Meine Assistentin hat mir berichtet, dass Sie nach einer

Vermissten suchen, bei der es sich um eine australische Staatsbürgerin handeln könnte?"
Eve nickte der Angestellten dankend zu und wandte sich wieder an ihren Gesprächspartner. Sein Kopf schien zu dicht an den Schultern zu sitzen, der Kragen seines Hemdes hatte die Haut an seinem Hals rot gescheuert. Seine Finger waren kurz und so fleischig, dass die Haut über den Gelenken kleine Gruben bildete.
Eve nickte. "Ja. Unglücklicherweise leidet die Betreffende unter einer Amnesie. Sie ist bisher nicht in der Lage, uns bei unseren Ermittlungen zu unterstützen."
"Wie lange, sagten Sie, wird sie schon vermisst? Drei Tage?"
Rampert lehnte sich zurück und knetete seine Unterlippe zwischen den Fingern. Dann beugte er sich vor.
"Beeindruckend, wie ernst Sie die Angelegenheit nehmen. Bei uns würde die Polizei erst tätig werden, wenn eine Person mindestens 96 Stunden verschwunden ist. Das gilt für Erwachsene, im Falle von Kindern ist das natürlich etwas anderes. Tja, wenn ich je eine Amnesie erleide, hoffe ich, dass das in Deutschland geschehen wird."
"Just be sure to wear your Burberry", murmelte Eve. Sie überging seinen fragenden Blick und reichte ihm den Vordruck über den Tisch, den sie in der Wartezeit von der Sekretärin zum Ausfüllen erhalten hatte.
Name, Adresse, früherer Arbeitgeber, Ausbildungen, Versicherungsnummer, Vorstrafen, alle Spalten, selbst die mit der Frage nach dem Alter, waren leer geblieben.
"Ich fürchte, die deutsche Bürokratie wird maßlos überschätzt ... Ich kann Ihnen leider keinerlei Angaben zur Verfügung stellen. Ich vermute allerdings, dass sich die Frau noch nicht lange in Deutschland aufhält."
Eve reichte ihm die Krankenakte mit dem Foto, den

Untersuchungsergebnissen und der Selbstbeschreibung, die das Mädchen geschrieben hatte. Zu ihrer Überraschung fing Rampert an zu lachen.
"Frau Santer, Sie haben Glück! 2026? Well, that seems to be as Australian as you can get. Excuse me for a moment."
Er erhob sich überraschend geschmeidig, um im Vorzimmer einige Worte mit seiner Sekretärin zu wechseln. Als er wiederkam, wirkten seine Bewegungen lockerer, weniger offiziell. Auch seine Sprache wurde persönlicher. Sie wusste nicht, wie und warum, aber sie schien seine Anerkennung gefunden zu haben.
"Es wird nur ein paar Minuten dauern. My assistant is checking ... Meine Assistentin sieht nach, ob Ihre Vermisste über uns eingereist ist." Er ließ sich mit einem leisen Schmatzen des Lederpolsters in seinen Sessel gleiten.
"I'm afraid I don't understand?"
"2026. Das Tattoo in ihrer Selbstbeschreibung. It is a **post code**." Eve schüttelte verwirrt den Kopf. Eine Postleitzahl? Wer ließ sich eine Postleitzahl tätowieren?
"Nicht irgendein Post code. *Der* Post code. Bondi Beach, Sydney, Australia. It's a very **popular** place for tourists. Your lady seems to be a surfer."
"A surfer? Are you sure?"
"Well, I wouldn't **bet** my **life on** it. But, yes. I'm **pretty** sure. Who else would choose that number?"
"Ich verstehe nicht ..."
Rampert lehnte sich zurück, ganz entspannt jetzt.
"Das Tattoo hat mit der australischen Surfergemeinde zu tun.

---

post code ['pəʊst kəʊd] Postleitzahl **popular** ['pɒpjələ] beliebt **to bet (bet, bet) one's life on sth.** [ˌbet / ˌbet / ˌbet / wʌnz 'laɪf ɒn] sein Leben auf etw. verwetten **pretty** ['prɪtɪ] ziemlich

Vor ungefähr zwanzig Jahren, als Fernreisen langsam billiger wurden, kamen immer mehr Touristen ins Land. Und gerade diese Adresse – Bondi Beach – wurde extrem populär. Man findet sie in jedem Reiseführer, in jedem Magazin australischer Fluglinien – das Paradies für Surfer. Jeder Taxifahrer kennt sämtliche **Youth Hostels** in der Gegend. And everybody came. And that's when the problems started."

"It was too **crowded**?"

"A big crowd! You see, ninety percent of surfing is getting the right waves. Surfers spend hours driving from beach to beach ... Alle Jugendlichen dort in der Gegend sind Surfer. Viel mehr kann man dort auch nicht machen."

Eve nickte. "Aber wenn die Schule aus war, war der Strand voller Touristen. Es gab jede Menge Surfunfälle, die Leute verletzten sich an Brettern oder fielen vom Brett. And falling off your **surfboard** can be quite **dangerous**. So after a while, the **residents** started **ignoring** everybody else."

"Was meinen Sie damit?"

"**Get out of the way** or **get hit**. Die Leute fingen an zu surfen, ohne Rücksicht auf andere zu nehmen, egal, was ihnen in die Quere kam. **The lucky ones** saw them coming and **jumped away** just in time. The other ones ..."

---

youth hostel ['juːθ hɒstl] Jugendherberge **crowded** ['kraʊdɪd] überfüllt **surfboard** ['sɜːfbɔːd] Surfbrett **dangerous** ['deɪndʒərəs] gefährlich **resident** ['rezɪdənt] Einheimischer **to ignore sb.** [ɪg'nɔː] jdn. ignorieren **to get (got, got) out of the way** [ˌget / ˌgɒt/ ˌgɒt/ 'aʊt əv ðə 'weɪ] aus dem Weg gehen **to get hit** [ˌget 'hɪt] getroffen werden **the lucky ones** [ðə 'lʌkɪ wʌnz] wer Glück hatte **to jump away** [ˌdʒʌmp ə'weɪ] wegspringen

Übung 11: Welche der folgenden Aussagen über Australien stimmt nicht? Kreuzen Sie den nicht zutreffenden Satz an.

1. The platypus is an Australian animal.
2. The didgeridoo is a traditional Australian instrument.
3. Australia is a popular country for surfers.
4. Bondi Beach is a favourite place for surfers.
5. Sydney is the **capital** of Australia.
6. Sydney is popular with tourists.

Eve lachte. "Sie scheinen ja recht gut Bescheid zu wissen."
"I lost two boards because I didn't jump fast enough."
Eve legte den Kopf schief und sah ihn an.
"Okay. Aber ich frage mich doch, wieso Sie die Postleitzahl behalten haben", sagte sie.
"Wissen Sie, gerade damals kamen diese Tattoos in Mode. Es war mein Traum, auch eins zu haben ... Es bedeutete, Bondi Beach gehört uns, verzieht euch. Mit so einem Tattoo gehörte man dazu. Your lady must be quite tough."
"Mr Rampert? I have the **printouts** here. Do you need anything else?"
Die Auswahl, die die Sekretärin gebracht hatte, war klein, nicht mehr als fünf oder sechs Akten. Rampert überflog die Unterlagen, suchte nach einem erkennbaren Foto. Beim dritten Bild hörte er auf zu blättern.
"How about this one?"
Es war unverkennbar das Gesicht des Mädchens, das in die Kamera starrte. Und darunter ihr Name: Anne Thursley, Sydney.
Anne Thursley. Anne.
"Sie ist offenbar ohne Visum eingereist, das heißt, sie durfte

---

capital ['kæpɪtl] Hauptstadt **printout** ['prɪntaʊt] Ausdruck

sich drei Monate in Deutschland aufhalten, aber hier weder arbeiten noch studieren. Offenbar hat sie sich ziemlich schnell anders entschieden und bei uns den Antrag auf ein Visum als Au-pair-Mädchen gestellt. Und zwar am 5. September. Weil sie sogar einen Arbeitgeber angeben konnte, der sie einstellen wollte, ging das Ganze ziemlich schnell – it was granted by our German **colleagues** on September 27."

Eve streckte ihre Hand nach den Unterlagen aus. "So we know her **nationality**, her name, her home and **current** address, her **employer's** name and address – everything?"

"Even her shoe size."

---

colleague ['kɒliːg] Kollege **nationality** [ˌnæʃə'nælətɪ] Staatsangehörigkeit **current** ['kʌrənt] derzeitig **employer** [ɪm'plɔɪə] Arbeitgeber

Five

“Herr Hebbich? Sie schulden mir etwas.” Mit unbewegtem Gesicht fing Eve den Staatsanwalt im Flur des Polizeipräsidiums ab.

“So schnell?”

Eve nickte. Sie schloss sich seiner Schrittgeschwindigkeit an und lief neben ihm her. “Anne Thursley, Australierin. Sie hatte sich Mitte des Jahres an ihre Botschaft gewandt. Unterm Strich hatte ich blindes Glück.”

“Erinnert sie sich wieder?”

Eve schüttelte den Kopf. “Anne ... Frau Thursley hatte gestern Nacht einen Albtraum, im Augenblick steht sie noch unter leichten Beruhigungsmitteln. Ich habe gerade mit dem zuständigen Psychiater gesprochen, er hält es für besser, sie nicht telefonisch zu verständigen. Ich lasse sie gerade herbringen. Das Foto stimmt überein, ihr Alter ... Familienangehörige habe ich bisher leider noch nicht erreicht, was natürlich auch an der Zeitverschiebung liegt. Sie hat keine Geschwister angegeben, nur eine Mutter, die in einem Pflegeheim bei Perth wohnt. Aber immerhin habe ich die Adresse ihres Arbeitgebers.”

Eve sah in ihren Notizblock.

“Robert und Barbara Nurring. Ein britisches Ehepaar, das sich vor etwa einem halben Jahr in eine größere deutsche Warenhauskette eingekauft hat. Anne Thursley ist bei ihnen als Au-pair für die beiden Kinder gemeldet; ich nehme an, dass sie auch dort wohnt. Bis heute Abend sollte ich den Fall abgeschlossen haben, wenn nichts dazwischenkommt. Oder ich gebe ihn direkt zurück an die Psychiatrische Abteilung der Charité.”

Hebbich blieb stehen und starrte auf den Fußboden. Ohne

es zu bemerken, drehte er den obersten Knopf seines Jacketts zwischen den Fingern hin und her.
“Nurring ... Nurring ... Ich glaube, ich habe davon gehört. Die Firma hatte aber einen anderen Namen ... Soviel ich weiß, hat er auch Immobilienbesitz hier in Berlin?”
“Ich hatte keine Zeit für eine vollständige Recherche. Laut Google besitzen sie Land, Immobilien, Mehrheitsanteile einer Warenhauskette, Unternehmungen in Südostasien und noch einiges mehr.”
“Kümmern Sie sich besser persönlich darum, bitte. Wenn man bedenkt ...” Hebbich brach ab und ließ die Hände sinken. “Ich denke, ein persönlicher Ansatz wäre das Beste. Auch für die junge Frau Thulley natürlich.”
“Sicher.”
Sie wartete vor dem Fahrstuhl. Auf keinen Fall wollte sie Anne in einen fensterlosen Verhörraum bringen. Dann besser in ihr eigenes Büro mit dem flimmernden Neonlicht, zu viel vertraulichen Informationen und den Kakteen, die Katrin ihr regelmäßig zum Geburtstag schenkte, weil sie vergessen hatte, rechtzeitig ein Geschenk zu besorgen. Die Kakteen waren vertrocknet.
Anne Thursley sah sich verwirrt um, als sie, flankiert von zwei Polizisten, aus dem Aufzug trat. Sie schien kleiner, als Eve sie in Erinnerung hatte.
Eve lächelte. “Hallo Anne.”

“Thursday, Anne Thursday”, murmelte sie mit einem schwachen Lächeln. “I remember now ... It was my **nickname** in **primary school**. Mrs Evans gave it to me on the first day of

---

nickname ['nɪkneɪm] Spitzname **primary school** ['praɪmərɪ ˌsku:l] Grundschule

school. 'Little Anne Thursday'. I hated that. It made me into **something special**. The other kids didn't like me. But Mrs Evans could make the most **incredible desserts**. **Crunchy** Banana Cinnamon Muffins. Wow."

"Anything else?"

Anne schüttelte verwirrt den Kopf. "Well – some. But it is really **amazing**. The way it's all coming back. Like pieces of a **jigsaw puzzle**."

"That's great! Let's **contact** your employer and get you back home. Is that one of Katrin's T-shirts you're wearing?"

Anne zupfte an dem zu kurzen Ärmel und blickte Eve verlegen an. "I found it in the bathroom. I didn't go through her **drawers**. Do you mind?"

Eve lachte. "I don't mind, Anne. I just don't think you want to spend the rest of your life in a Sex Pistols T-shirt."

"Maybe you're right!"

Anne wirkte leicht benommen. Sie sah blasser aus als gestern noch, und Eve spürte eine Art Enttäuschung. Sie hatte die Nachricht, wer sie war und woher sie kam, fast gleichgültig aufgenommen.

"Everything alright?", fragte sie sanft.

Anne nickte.

"Should I talk to your au pair family first?"

Anne nickte noch einmal. Sie nestelte am Saum ihres T-Shirts und sah sich Eves Kakteen an.

---

something special [ˌsʌmθɪŋ ˈspeʃl] etwas Besonderes **incredible** [ɪnˈkredəbl] unglaublich **dessert** [dɪˈzɜːt] Nachtisch **crunchy** [ˈkrʌntʃɪ] knusprig **amazing** [əˈmeɪzɪŋ] erstaunlich **jigsaw puzzle** [ˈdʒɪgsɔː ˌpʌzl] Puzzle **to contact sb.** [ˈkɒntækt] sich mit jdm. in Verbindung setzen **drawer** [drɔː] Schublade

"European Investment Funds Ltd, Cecily Gould. Womit kann ich Ihnen helfen?"
"Eve Santer, Kriminalpolizei Berlin. Frau Gould, könnte ich bitte mit Herrn Nurring sprechen?"
"In welcher Angelegenheit bitte?"
"Ich würde ihn lieber persönlich sprechen, wenn es Ihnen nichts ausmacht. Wir kennen uns nicht, ich habe Ihre Telefonnummer von der australischen Botschaft. Es tut mir leid, Mr Nurring während seiner Arbeitszeit stören zu müssen, aber ich habe ihm mehrmals auf die Mailbox gesprochen ..."
"Mr Nurring benutzt sein Handy nur in Notfällen. Einen Moment bitte."
Eve klemmte das Telefon zwischen Ohr und Schulter und nickte Anne über den Schreibtisch hinweg aufmunternd zu. In der Warteschleife spielten sie einen Song von Mariah Carey.
Ob sie nach Hause fahren sollte, um für Anne ein anderes T-Shirt zu besorgen? Immobilien, Landbesitz, Firmenbeteiligungen. Mariah Carey. Bei den Nurrings schien es sich nicht um die Art von Au-pair-Eltern zu handeln, die viel Verständnis für die Sex Pistols aufbrachten.
Die Musik brach abrupt ab.

Übung 12: Setzen Sie die folgenden Partizipien an den richtigen Stellen ein.
(calling, helped, spoken, sitting, run, informed, listening, happened)

"Nurring."

"Hello Mr Nurring, Eve Santer, from the Berlin Police. I am

1. ______________ about ..."

"Is this about Anne? Oh my God. Have you already **2.** ____________ the embassy?"

"Actually, the embassy has **3.** ____________ us to identify her ..."

"This is awful. She was so young. I thought she had just **4.** ____________ away for a few days." Nurrings Atem ging keuchend, als kämpfe er mit Tränen.

"Mr Nurring, now, please ..."

"We just had a slight **disagreement**, that's all. And now she's dead. I can't believe it!"

"Mr Nurring ..."

"How could this have **5.** ____________? She ..."

"Mr Nurring!" Eve hob ihre Stimme. "Mr Nurring. Wait. You've got to listen. Anne Thursley isn't dead. She's alive."

Nurring schwieg abrupt. Eve wäre davon ausgegangen, dass er aufgelegt hatte, wenn sie im Hintergrund nicht die leise Stimme eines Radiosprechers gehört hätte, der Wirtschaftsnachrichten verlas. Sie gab ihm Zeit.

"Mr Nurring, are you still there? Are you **6.** ____________?

"Yes, but are you sure she's still alive?"

---

disagreement [ˌdɪsəˈgriːmənt] Meinungsverschiedenheit

"Yes, I am sure. She is **7.** ____________ about five metres

away drinking coffee."

"Then why hasn't she **8.** ____________ to us?"

Nurring hielt inne. Seine Stimme wurde förmlich. "Can I speak to Anne, please?"
"Well, there's a slight problem. I am afraid she's got amnesia. She doesn't know who you are. The **psychiatrists** say it is only **temporary** ..."
"Amnesia?"
Hatte sie einen einzigen Satz zu Ende gesprochen? "Yes."
"She doesn't remember a thing?"
"No. That's the point I ..."
"I will call you back tomorrow."
Aus dem Hörer drang die karamellsüße Stimme Mariah Careys.

"Wie meinen sie das – Schwierigkeiten?" Hebbich fuhr sich nervös durch die Haare.
"Er hat aufgelegt."
"Dann versuchen Sie es noch mal."
Ja, Herr Hebbich, danke, dachte Eve. Aber sie sagte nichts.
"Versuchen Sie es über die Sekretärin. European Funds, sagten Sie?"
"European Investment Funds. Die Sekretärin gibt vor, dass er auf der anderen Leitung spricht", erklärte Eve geduldig.
"Und?"
"Seit eineinhalb Stunden."

---

psychiatrist [saɪˈkaɪətrɪst] Psychiater **temporary** [ˈtemprərɪ] vorübergehend

“Ich verstehe nicht, wie Ihnen ein derartiger Anfängerfehler unterlaufen konnte. Das ist genau der Grund, weswegen derartige Anfragen niemals per Telefon durchgeführt werden. Niemals. Ein absoluter Anfängerfehler.”

Eve zählte sechzehn Quadrate auf dem Fußboden bis zum Aufzug, während der Staatsanwalt mit seltsamen kleinen Trippelschritten auf und ab lief.

“Haben Sie es mit einer Mail versucht?”

“Das Einzige, was ich noch nicht versucht habe, ist ein Dosentelefon”, entgegnete Eve.

“Was haben Sie jetzt vor?”

“Ich trete ihm ein wenig auf die Füße.” Eve lächelte.

Hebbich lachte, unsicher, ob sie einen Witz gemacht hatte oder nicht.

“Das klingt vielleicht in diesem Fall ein wenig radikal. Ich meine ... Er ist britischer Staatsbürger, es liegt keinerlei Straftat vor.” Jetzt war er es, der den Blick abwendete.

“Das ist das Problem.”

“Stundenlanges Telefonieren ist letztendlich nicht verboten. Ich will nicht, dass Sie ihm zu nahe treten.”

“Sicher.”

“Juristisch gesehen haben wir keinerlei Befugnisse.”

“Ich könnte es mit einer Brieftaube versuchen.”

Auf diesem Boden sollte man Schlittschuh fahren, dachte Eve. Die Wände der Eingangshalle waren mit großen, matt erleuchteten Plexiglasscheiben bedeckt. Eine fleischige Pflanze kämpfte in grauem Substratboden um ihr Leben; sie erinnerte Eve an die Kakteen auf ihrem Schreibtisch.

Die unteren drei Stockwerke waren mit Arztpraxen belegt. Modernste Lasertechniken für Augenoperationen, Dermatologie und Plastische Chirurgie, nur für Privatpatienten

erschwinglich. Der gläserne Aufzug bewegte sich fast lautlos, ein gelblicher Kokon, der mit majestätischer Geschwindigkeit herabglitt. Eine Frau in einem langen Mantel stand darin, den Rücken zur Tür gewandt. Sie drehte sich erst um, als die Türen sich bereits öffneten. Ihre Augen hatte sie trotz der matten Beleuchtung hinter einer Sonnenbrille verborgen. Ihre Haare waren bedeckt von einem Schal mit japanischen Motiven. Die Hände, die die Mullbinde über ihrer Stirn verdeckten, waren ein Jahrzehnt älter als ihr Mund. Von hinten wirkte sie zerbrechlich, alt. Warum hatten die Architekten sich für einen Aufzug aus Glas entschieden?
Eve sah der Frau nach, bis der Taxifahrer sie im anderen Ende der Drehtüren in Empfang nahm. Sie betrat den Aufzug.
Ab dem vierten Stockwerk gehörte das Haus der European Investment Funds Ltd.
Eve schob den aufgeweichten Zahnstocher mit der Zunge weiter nach rechts, ohne die Spitze zu berühren, die auch jetzt, nach zehnminütigem Kauen, noch schmerzhaft spitz war. Die Musik, die aus den versteckten Lautsprechern drang, war so klebrig und süß wie Sirup, selbst Eves Haut fühlte sich an, als sei sie mit einem dünnen Film bedeckt. Wie lange dauert es, bis Musik anfängt, ins Gehirn zu kriechen?
Die Frau am Empfang schien resistent. Sie stand noch immer hinter dem Tresen, hinter den sie sich nach Eves Ankunft zurückgezogen hatte. Jeden Anruf nahm sie mit der gleichen singenden Stimme entgegen, mit der Eve bereits am Morgen telefoniert hatte. Sie klang so künstlich wie das Substrat in den Terracottablumentöpfen neben dem Aufzug.
"European Investment Funds Ltd, Cecily Gould, was kann ich für Sie tun?"
Eve nahm den Zahnstocher aus dem Mund und erhob sich. Ms Goulds Kopf zuckte hoch. "Ich kann nichts tun. Er

spricht immer noch auf der anderen Leitung. Es gab heute Morgen einen Unfall in einer unserer asiatischen Firmen."
"Das tut mir leid. Was für eine Art von Unfall?"
"Im Moment sind alle sehr beschäftigt. Bitte setzen Sie sich. Es dauert nur noch ein paar Minuten." Sie schob einige Papiere auf ihrem Schreibtisch zusammen und ordnete sie neu. Ihre Augen wichen Eves Blick aus. Nervosität hatte sich in ihre Stimme geschlichen. "Möchten Sie eine Tasse Kaffee?"

Übung 13: Wie werden die folgenden Getränke und Speisen angeboten? Tragen Sie die passenden Buchstaben in die Kästchen ein.

Would you like

1. a cup of	☐	**a.** cake?
2. a drop of	☐	**b.** sugar?
3. a glass of	☐	**c.** coffee?
4. some cheese and	☐	**d.** milk?
5. a piece of	☐	**e.** biscuits?
6. a lump of	☐	**f.** wine?

Eve ignorierte die Aufforderung, sich zu setzen. Die Empfangshalle war riesig, architektonisch entkernt, um dem Gebäude ein anderes, großartigeres Aussehen zu geben. Zwischen Empfangsbereich und dem gläsernen Aufzug standen schwere Ledersofas verloren im Raum. Aus den Büros konnte Eve leises Gelächter hören und das typische Surren eines Druckers. Irgendwo klapperte Geschirr. Der dunkle Fußboden dämpfte ihre Schritte. Die Fenster reichten bis zum Boden; zu Eves Füßen schimmerten die ersten Straßenlampen auf dem nassen Asphalt; kurz nach vier und es wurde schon wieder dunkel. Im Spiegelbild der Fensterscheiben konnte Eve den Aufzug sehen: wieder ein Rücken im gläsernen Kokon. Wie die Frau mit dem japanischen Schal hatte der Mann seinen Blick starr auf die Anzeigentafel an der Rückwand gerichtet.

Ms Goulds Schultern entspannten sich, als der Aufzug nach unten verschwand.

"Excuse me for a moment, please. I'll be with you in a minute."

Ein Bleistift fiel zu Boden, sie beachtete ihn nicht. Ihre Bewegung war so schnell, dass ihre Hüfte den Empfangstresen streifte. Was hatte Dr. Golz gesagt? Geräusche oder auch häufig Gerüche, die ein Aha-Erlebnis oder eine Erinnerung hervorrufen. Ein Bild, eine Momentaufnahme. Puzzleteile, die plötzlich ein sinnvolles Ganzes ergeben. Eve starrte der Sekretärin nach. Bevor sie hinter der Trennwand verschwand, drehte sie sich um. Ihr kaltes Lächeln ließ Eve losrennen.

Wenn er daran gedacht hatte, den Aufzug zu blockieren, war es zu spät. Sie konnte nicht widerstehen, den Aufzugknopf mehrmals zu drücken, versuchte, nach unten in den Schacht zu sehen, aber das Licht verlor sich in der Dunkelheit. Sie schlug mit der flachen Hand gegen das Glas.

Hinter ihr, am Empfang, klingelte das Telefon zehnmal, bevor der Anrufbeantworter ansprang. Eve zog ihr Notizbuch aus der Tasche und setzte sich in Bewegung. Sie griff über den Empfangstresen und tippte die Nummer von Nurrings Mobiltelefon in Ms Goulds Festnetzgerät. Er würde die Absenderkennung lesen. Nach dem dritten Klingeln nahm er ab.

"Mr Nurring?" Eve gab sich Mühe, den Tonfall und den britischen Akzent von Cecily Gould zu treffen. "A call from Asia. Please hold the line."

Sie legte den Hörer auf den Tresen und war beim Aufzug, als die Türen sich öffneten. In ihrer rechten Jackentasche

fand sie einen letzten Kaugummi zwischen Zahnstochern und Taschentüchern. Sie glitt fast lautlos hinab, vorbei an Arztpraxen und Tropenpflanzen mit leicht staubigen Blättern. Unten im Parkhaus stand ein Mann neben einem Jeep, die Hand gegen das glänzend schwarze Dach gestützt, trommelte mit den Fingern auf den Lack und hörte mit zusammengezogenen Augenbrauen Mariah Carey.
"Mr Nurring! I need to talk to you."
Eve stand direkt vor ihm und lächelte höflich. Er blickte verwirrt auf. Im harten Neonlicht der Parkhausbeleuchtung erinnerte er sie an eine Krähe. Alles an ihm war schwarz und dunkelgrau. Die Augen glänzten wie runde Knöpfe, die Iris so dunkel, dass der Übergang von den Pupillen kaum zu sehen war. Das Handy immer noch ans Ohr gepresst, ließ er Eve nicht aus den Augen. Ein Mann, der warten kann, dachte Eve. Er wird mich reden lassen, mit denselben vorsichtigen Augen, und sehen, was kommt. Er macht nicht gern Fehler.
"I'm sorry. I don't **recall** ... I don't think we have met", sagte er kühl.

Übung 14: Welches Wort passt nicht in die Reihe? Unterstreichen Sie den nicht dazugehörigen Begriff.

1. cat, eagle, koi, didgeridoo
2. thrilled, excited, sad, happy
3. surfing, internet, waves, beach
4. remember, know, forget, recall
5. au pair, nurse, memory, policeman
6. tattoo, ring, jewellery, **necklace**

---

to recall sth. [rɪˈkɔːl] sich an etw. erinnern **necklace** [ˈnekləs] Halskette

"No", stimmte Eve ihm zu, ihr Gesicht so ernst wie seines. "You're right. But I need to talk to you." Sie griff in die Tasche und klappte ihren Ausweis auf. Robert Nurring studierte ihn aufmerksam.
"Eve Santer. You called this morning **concerning** Anne Thursley." Er nickte mehrmals.
"**Actually**, I don't think you will get a call from Asia, Mr Nurring. Currently **all lines are down**," sagte Eve sanft, als sie den Ausweis zurück in ihre Jackentasche steckte. "I am sorry."
Nurring ließ das Telefon sinken und legte es vorsichtig auf das Wagendach. Er strich sich die dunklen Haare aus der Stirn. Als er sich umdrehte, erinnerte er Eve an einen ertappten Schuljungen. Wie viel von diesem Ausdruck war kalkuliert?
"You are angry with me. I'm sorry."
"I am not angry with you, Mr Nurring. But you could be a bit more polite. The view from your office windows is rather boring."
"Look, Mrs Santer, this hasn't got anything to do with you or Ms Thursley. I am really sorry but today is a bad day for me."
Eve nickte, machte aber keine Anstalten, zur Seite zu treten. Auch sie konnte warten. Er räusperte sich.
"Yes. About Anne. Could you get her a hotel room? I will pay of course. We will **sort** everything **out** tomorrow. But now I am afraid I'll have to leave. My wife is **catching a plane**."
"Mr Nurring, this isn't good enough. Why didn't you tell the police that Miss Thursley was missing? Your car was missing too!"

---

concerning [kən'sɜːnɪŋ] wegen **actually** ['æktʃʊəlɪ] eigentlich **all lines are down** [ɔːl ˌlaɪnz ə 'daʊn] alle Leitungen sind tot **to sort out sth.** [ˌsɔːt 'aʊt] etw. klären **to catch (caught, caught) a plane** [ˌkætʃ / ˌkɔːt / ˌkɔːt ə 'pleɪn] *hier:* auf dem Weg zum Flughafen sein

“Let me ... uhm ... offer you something for your **trouble**. How about five hundred?” Seine Hand fuhr in die hintere Manteltasche, um die Brieftasche hervorzuziehen. Eve streckte ihre Hand aus, um das Geld in Empfang zu nehmen.
“That’s a **silly** thing to do, Mr Nurring. Do you need a **receipt** for your **bribe**?”

Übung 15: Setzen Sie die folgenden Wörter an der richtigen Stelle ein.
(traditional, calm, silly, thrilled, boring, slight, exotic, unemotional)

1. It's ________________ to try to bribe a policewoman.
2. It's hard to feel ________________ after a bad nightmare.
3. Many Australians can play ________________ instruments like the didgeridoo.
4. I'm not feeling well. I have a ________________ headache.
5. Mr Nurring was not ________________ to see Eve.
6. Anne first thought that Germans were ________________.
7. Eve didn't like her name when she was a child. She thought it sounded ________________.
8. Natasha is an ________________ name.

---

trouble ['trʌbl] Ärger **silly** ['sɪlɪ] dumm **receipt** [rɪ'si:t] Quittung **bribe** [braɪb] Bestechungsgeld

Er zuckte zurück. Als habe er in einen Viehzaun gegriffen, dachte Eve. Seine Augen suchten die Überwachungskameras, die an der Decke installiert waren. Beim Schlucken stach sein Adamsapfel deutlich hervor.

"No, no, Mrs Santer. The money isn't a bribe. I just want to pay for the hotel room." Die Hände, die das Geld zurück in die Brieftasche schoben, zitterten leicht.

"A hotel room for an au pair in Berlin doesn't cost more than fifty euros, Mr Nurring. You know that."

"Okay, okay." Er sagte es mehr, um sich selbst zu beruhigen, als zu Eve; er lief einige Schritte, um Zeit zum Denken zu gewinnen. Dann schien er einen Entschluss gefasst zu haben.

"Mrs Santer. I will be **frank** with you. But don't tell any journalists."

"I'm a policewoman, Mr Nurring. You can **trust** me."

"I am serious. Don't tell anyone." Er stand sehr aufrecht, den Rücken durchgedrückt, als konzentriere er sich auf einen weit entfernten Horizont.

"Please tell me, Mr Nurring."

"Right." Er sah zu Boden, um sich zu sammeln. Sein dunkles Haar fiel in sein Gesicht wie ein Vorhang. Diesmal strich er es nicht zur Seite. "My wife and I **own** part of a factory in Taiwan. I got a phone call this morning. From the factory." Er unterbrach sich. "But don't tell the press ..."

"Yes, Mr Nurring, I understand", sagte Eve geduldig.

Nurring sah sie misstrauisch an.

"We make clothes for the European market", fuhr er schließlich fort, machte dann aber wieder eine Pause.

---

frank [fræŋk] offen **to trust sb.** [trʌst] jdm. vertrauen **to own sth.** [əʊn] etw. besitzen

Eve nickte ihm aufmunternd zu, doch Nurring starrte sie weiter misstrauisch an. Er verschränkte die Arme hinter dem Rücken und fing wieder an, hin und her zu laufen. Er sieht aus wie eine Krähe, dachte sie. Die Ähnlichkeit war überdeutlich. Eve hätte fast gelacht.

"There has been an accident. Some **chemicals leaked** into the river. I don't know the **details** yet. Three workers are in hospital with **first degree burns**. My wife – she is the vice president, you know – is on her way to the airport to catch the next flight to Taiwan. She wants to **deal with** it **personally**."

"I see." Eves Stimme war trocken.

Sein Kopf fuhr hoch.

"It is not a **cover-up**!" Sie hatte ihn aus der Fassung gebracht. "Our **standards** are above **average**. And you ... you **are way out of line**, Mrs Santer."

Eve lächelte, aber erwiderte nichts.

Nurring riss die Tür seines Wagens so heftig auf, dass sie gegen die Wand schlug und einen schmalen schwarzen Strich auf dem Putz hinterließ. Er bemerkte es nicht.

"I hope you will excuse me now, I don't have any time. I will deal with Anne tomorrow. Miss Thursley is welcome to come to my house at any time, of course. But I think a hotel room is better for tonight. Good night."

---

chemical ['kemɪkl] Chemikalie **to leak** [li:k] austreten **detail** ['di:teɪl] Einzelheit **first degree burn** ['fɜ:st dɪˌgri: 'bɜ:n] Verbrennung ersten Grades **to deal (dealt, dealt) with sth.** ['di:l / 'delt / 'delt wɪð] sich um etw. kümmern **personally** ['pɜ:snəlɪ] persönlich **cover-up** ['kʌvərʌp] Vertuschung **standard** ['stændəd] *hier:* Sicherheitsnorm **average** ['ævərɪdʒ] Durchschnitt **to be way out of line** ['weɪ aʊt əv ˌlaɪn] meilenweit daneben liegen

Übung 16: Sind die folgenden Behauptungen wahr? Kreuzen Sie die zutreffenden Sätze an.

1. ☐ Mr Nurring doesn't know Anne Thursley.
2. ☐ Mr Nurring offers Eve 500 euro.
3. ☐ Mr Nurring looks like a cow.
4. ☐ Mr and Mrs Nurring own part of a factory in Taiwan.
5. ☐ Mrs Nurring is in hospital.
6. ☐ Mr Nurring is very relaxed.

Obwohl Eve zur Seite trat, hätte er sie beim Anfahren fast gestreift; sie konnte spüren, wie der Wagen den Stoff ihres Mantels berührte. Sie drehte sich um und sah den Rücklichtern des Jeeps nach. Die Reifen quietschten, als er die Kurve der Auffahrt nahm. Aber ihre Aufmerksamkeit galt seinem Handy, das einige Meter vor ihr auf dem grauen Betonboden lag.

Die Anrufliste war kurz, nicht mehr als sieben Gespräche. Nur für Notfälle, hatte die Sekretärin gesagt. Ein Mann wie Nurring wollte nicht immer erreichbar sein, und Eve konnte es ihm nicht verdenken. Wie viele Störungen erträgt ein Mensch im Gedanken an seine Karriere? Wie viel erträgt seine Familie?

Eine der Nummern erkannte Eve wieder, sie hatte sie am Morgen aus dem Telefonbuch gesucht bei dem Versuch, Nurring zu erreichen. Vermutlich hatte er gegen Nachmittag öfter mit seiner Frau telefoniert, um Einzelheiten ihrer Reise zu besprechen. Eve blickte von dem kleinen Display auf.

Sie fühlte sich unwohl. "Way out of line", hatte Nurring gesagt. Er hatte recht. Sie wollte das Mobiltelefon gerade zuklappen, als sie die erste Nummer sah. Eve erkannte die internationale Vorwahl von Taiwan. 14.06 Uhr. Sie drückte die Wiederwahltaste.

"Singpong Hour Weaving Incorporated. You are calling outside of normal **working hours**. Our Taipei office is open Monday to Friday from 7 a.m. to 6 p.m. Please contact us via e-mail or leave a message after the ..."

"Mrs Santer!"

Cecily Goulds ausgestreckte Hand zitterte vor Empörung oder Wut. An der Innenseite ihres Oberschenkels kroch eine Laufmasche unter ihren Rock, ihr Atem ging schwer. Sie musste die Schuhe ausgezogen haben, um vier Stockwerke nach unten zu laufen. Über der Lichtschranke des Aufzugs klebte ein Kaugummi.

"I'll take that."

Eve ließ das Telefon sinken.

"Er hat es auf dem Autodach abgelegt. Er hatte es verdammt eilig."

---

working hours [ˈwɜːkɪŋ ˌaʊəz] Arbeitszeit

Six

Turgut Gülcan von der Verkehrssicherheit betrachtete den altdeutschen Apfelkuchen, als Eve ihr Tablett neben seins stellte.

"Der mit den Streuseln ist ziemlich gut", meinte sie.

Er blickte auf.

"Eve." Gülcans Lachfältchen zogen sich von den Augen über die Wangen fast bis zum Unterkiefer hin. "Ist aber aus der Tiefkühltruhe, oder nicht?"

Eve zuckte die Schultern und nahm sich eine Tasse.

"Das nennt man moderne Küche, Turgut. Hast du eine Minute Zeit?"

Er nickte. "Da hinten ist ein Fensterplatz frei. Kommst du?"

Gülcan riss die Alufolie von seinem Plastikmilchkännchen, und Eve sah zu, wie sich weiße Wirbel auf der dunklen Oberfläche ausbreiteten. Wie immer war sie ein wenig enttäuscht, als sie sich in der Tasse auflösten zu einem gleichmäßigen und langweiligen Hellbraun.

"Ich weiß nicht genau, was du von mir erwartest, Eve. Gefunden haben wir auf jeden Fall nichts. Genau genommen weiß ich nicht, was und wo wir suchen sollten."

"Sie hatte Hämatome, blaue Flecken am ganzen Oberkörper, dazu Abschürfungen, ein kleiner Schnitt oben am Hals. Als hätte ihr jemand einen Sicherheitsgurt auf den Oberkörper gemalt, Turgut. Ich verstehe nicht, wo das Problem ist."

Gülcan ließ die Kuchengabel sinken.

"Was hältst du davon: Sie fährt mit ihrem Freund ins Kino, die beiden streiten sich", sagte er. "Voller Wut fasst sie ihm ins Lenkrad, oder er übersieht einen Fahrradfahrer. Auf jeden Fall baut er einen Unfall, heftig genug, um sie nach vorne zu schleudern, nicht heftig genug für einen

Totalschaden. Sie rennt weg, fällt ins Wasser, er fährt nach Hause. Wir finden einen leicht beschädigten Poller an einer Verkehrsinsel. Ende der Geschichte."

"Ihre Verletzungen verlaufen von links oben nach rechts unten, Turgut. Sie saß am Steuer."

"Aber das beweist nicht, dass der Wagen in der Spree liegt. Sie kann den Unfall Stunden, Tage vorher gehabt haben. Vielleicht hängt der Wagen in einer Böschung und sie ist ausgestiegen und abgerutscht."

"Habt ihr einen gefunden?"

Gülcan schüttelte den Kopf. "Aber das beweist nichts, Eve. Und es rechtfertigt schon gar nicht eine Untersuchung für mehrere tausend Euro. Wir haben zwei Stellen identifiziert, an denen jemand möglicherweise – möglicherweise – ins Wasser gefahren sein könnte. Beschädigte Leitplanken an einer Baustelle. Wir haben sie untersucht. Wenn sie nüchtern war – und laut deinem Protokoll war sie nüchtern –, müssten wir auf der Straße etwas gefunden haben. Bremsspuren, Splitter eines Scheinwerfers, Autolack. Aber es gibt keine Bremsspuren, nichts."

"Aber auch keinen Unfallwagen."

Gülcan tupfte sich den Mund ab und schob das Tablett zur Seite. Im ganzen Präsidium kannte Eve niemand mit derart guten Manieren.

"Eve, du warst schon einmal bei einer Bergung dabei. Du kennst das. Stundenlanges Warten am Ufer; immer wenn du denkst, sie haben ihn, bricht die Stoßstange ab oder die Winde klemmt. Die Kälte kriecht dir durch die Schuhe, egal was du trägst. Du kannst gar nicht so viel Kaffee trinken, wie du hinterher pinkeln musst, und er ist sowieso immer schon fast kalt, wenn er aus der Thermoskanne kommt."

Er wartete auf ein Zeichen der Zustimmung, bevor er fortfuhr. "Aber du kannst dir im Traum nicht vorstellen, wie kalt es für die Taucher da unten ist. Sie sind blau gefroren, wenn ich sie nach 20 Minuten hochhole. Die Sichtweite ist abhängig von der genauen Lage und Strömung, aber auf keinen Fall beträgt sie mehr als 30 Zentimeter. Ich kann nicht mit einem Detektor arbeiten, weil da unten alles voll Metall ist, Einkaufswagen, Kühlschränke, Waschmaschinen. Der Schlick steht dir bis zum Oberschenkel und das Wasser darüber ist auch nicht viel klarer. Glassplitter, verrostete Fahrradlenker, gebrauchte Spritzen, da unten ist alles, was du dir vorstellen kannst, und du kannst dir eine Menge vorstellen, wenn du nichts siehst als braunen Schlick."
Was hätte Eve dazu sagen sollen? Sie wusste, dass Gülcan selbst als Taucher angefangen hatte vor dreizehn Jahren.
"Lass gut sein, Eve. Bring das Mädchen zurück, freu dich, dass es ihr gut geht, und Ende."

"But isn't it ... uhm ... dangerous?"
Eve hörte Katrins stockendes Englisch und beschloss, sich beim Kochen ein wenig mehr Zeit zu lassen. Sie stellte die Gasflamme unter dem Nudeltopf kleiner, schenkte sich einen Schluck Rotwein ein und lehnte sich gegen den Arbeitstisch. Die Soße warf große Blasen und spritzte über den Herd. Eve schrak zusammen und goss die Nudeln ab.
"Yes, everybody is afraid of the **sharks** and the **salt water crocodiles**. But the **currents** are really dangerous too. The Bondi Beach surfers are also quite dangerous."
"So are you afraid too?"

---

shark [ʃɑːk] Hai **salt water crocodile** [ˈsɑːlt wɑːtə ˌkrɒkədaɪl] Salzwasserkrokodil **current** [ˈkʌrənt] Strömung

"Well, I should be. We have got the most **poisonous** animals in the world. And do you know which animal kills most people per year?"
Katrin schüttelte den Kopf, atemlos. "A **spider**? Or a **snake**, maybe?"
"No. It's a **bee**." Anne konnte sich ein triumphierendes Lächeln nicht verkneifen, obwohl Eve sicher war, dass sie diese Geschichte schon oft erzählt hatte.
"A bee?"
Anne nickte.
"The **common honeybee**. People can die from the sting." Sie lehnte sich vor, riss die Augen auf und flüsterte: "**Beware of** the common honeybee."

"You didn't like him then?"
"I didn't say that, Anne", erwiderte Eve und stellte die Teller in die Spülmaschine. "Can you please **hand** me the green pot? It has to be washed by hand. All I said is I didn't like his car."
"Why?"
"It looked like Arnold Schwarzenegger's car. It was **huge** and black. Two cars like mine could **fit inside** it. And some golf bags too."
"Maybe he is a **hunter**."
"Yes," sagte Eve, um Anne zu beruhigen, nicht, weil sie es wirklich glaubte. Die Vorstellung von Nurring mit einem

---

poisonous ['pɔɪsənəs] giftig **spider** ['spaɪdə] Spinne **snake** [sneɪk] Schlange **bee** [biː] Biene **common honeybee** [ˌkʌmən 'hʌnɪbiː] gemeine Honigbiene **to beware of sth.** [bɪ'weər əv] sich vor etw. hüten **to hand sb. sth.** [hænd] jdm. etw. reichen **huge** [hjuːdʒ] riesig **to fit (fit, fit) inside** [ˌfɪt / ˌfɪt / ˌfɪt ɪn'saɪd] hineinpassen **hunter** ['hʌntə] Jäger

toten Hirsch auf dem Rücksitz erschien ihr absurd, aber in letzter Zeit traf man häufiger auf Jeeps im Stadtverkehr, deren Vierradantrieb für eine Durchquerung der Anden geeignet war, aber nur für die Fahrt zum nächsten Kindergarten genutzt wurden.
Wie auch immer, das war nicht ihr Problem.

Übung 17: Steigern Sie die folgenden Adjektive, wie im Beispiel vorgegeben. Alle Substantive sollen im Plural angegeben werden.

1. Bondi Beach is a good surfing location.

   Bondi Beach is one of the _best surfing locations_.

2. The common honeybee is a dangerous animal.

   The common honeybee is one of the ________________.

3. Losing your memory is a bad experience.

   Losing your memory is one of the ________________.

4. Bribing a policewoman is a silly thing to do.

   Bribing a policewoman is one of the ________________ to do.

5. English is a popular language.

   English is one of the ________________.

6. Mr Nurring is a **mysterious** character.

   Mr Nurring is one of the ________________ in the story.

---

mysterious [mɪˈstɪərɪəs] mysteriös

"But what does he look like?"
Im Badezimmer konnten sie Katrin gurgeln hören. Anne hatte den Tisch abgewischt und schüttelte die letzten Krümel in das Spülbecken.
"He is quite **good-looking**, but **somehow** he **reminds** me **of** a crow. He was wearing a black suit. Quite **stylish**. Boss, Armani, something like that. He was quite young – in his early forties, I think." Eve trocknete die Hände ab, dann hängte sie das Küchentuch auf, bevor sie sich ein Glas Wein eingoss.
Sie konnte spüren, wie die Anforderungen des Tages von ihr abglitten.
"Would you like some too?"
"No, thank you. I've just taken some **medicine**. I shouldn't drink alcohol now. Besides, I want to have a clear head tomorrow."
"Are you **nervous**?" Eve lächelte.
"Well ... I just hope I like them. I don't want to have amnesia and a boring job."
"Oh, that reminds me of something." Eve stellte das Weinglas auf den Tisch und sprang auf. "Here. I guess you lost yours." Sie reichte Anne ein Handy.
"It's just an old **mobile phone** with a prepaid card. The pin number and the phone number are written on the back."
"Thank you."
"Call me anytime. You are not alone, okay? You'll be fine, Anne. Just wait and see."

---

good-looking [ˌgʊdˈlʊkɪŋ] gutaussehend **somehow** [ˈsʌmhaʊ] irgendwie **to remind sb. of sth.** [rɪˈmaɪnd / əv] jdn. an etw. erinnern **stylish** [ˈstaɪlɪʃ] elegant **medicine** [ˈmedsən] Medikamente **nervous** [ˈnɜːvəs] nervös **mobile phone** [ˌməʊbaɪl ˈfəʊn] Handy

"Number fifteen. Over there."
Eve lenkte den Wagen in die ruhige Seitenstraße im grünen Berliner Stadtteil Westend und stellte den Motor ab. Der Vorgarten des Hauses war im japanischen Stil gehalten. Die Kiesel glänzten matt in der fahlen Novembersonne, so frisch geharkt, dass die Streifen des Rechens noch deutlich zu sehen waren. Neben den Steintreppen am Eingang lag eine rothaarige Puppe. Das Haus war modern, ein quadratischer Bau mit großzügigen Glasfronten, umgeben von einer Terrasse aus Teak. Weiße Vorhänge fielen bis auf den Boden.
In einem der hinteren Zimmer konnte Eve einen modernen Kronleuchter erkennen, ein leichter Geruch von Holzfeuer lag in der Luft.
"Do you recognize anything?"
Anne schüttelte den Kopf.
"Okay. **Let's get it over with**. He **is expecting** us. His wife is still in Taiwan."
Anne hatte ihre Unterlippe zwischen die Zähne geklemmt und nagte unentschlossen an einem Hautfetzen.
"Look, Anne, I know this is hard for you. If things don't work out, we'll just book you on the next plane back to Australia. Dr Golz thinks it might be easier for you to remember in this **environment**, that's all. But it is up to you."
"Australia **is** not really **an option**." Anne brach ab. "I called my mother yesterday. She lives in a **nursing home** near

---

Let's get it over with. [ˌlets get ɪt ˈəʊvə wɪð] Bringen wir's hinter uns. **to expect sb.** [ɪkˈspekt] jdn. erwarten **environment** [ɪnˈvaɪrənmənt] Umfeld **to be an option** [biː ən ˈɒpʃn] in Frage kommen **nursing home** [ˈnɜːsɪŋ həʊm] Pflegeheim

Sydney. She has an eye problem – **macular degeneration**. She's going blind. She doesn't know much about my life, or the friends I made in school. I have got a father and two half-sisters, but she doesn't know where they live ... I guess Europe was my only way out."

Übung 18: Sind die folgenden Behauptungen wahr oder falsch? Kreuzen Sie die zutreffenden Aussagen an.

1. ☐ Anne can now remember everything.
2. ☐ Anne's mother is ill – she's going blind.
3. ☐ Anne is an only child.
4. ☐ Anne now has a mobile telephone.
5. ☐ Eve gave Anne a laptop.
6. ☐ Anne and Katrin talk German to each other.

Die Haustür öffnete sich. Mit einem Kind auf dem Arm sah Robert Nurring kleiner aus, menschlicher. Der Krawattenknoten war bis zum linken Schlüsselbein gerutscht. Über das dunkelgraue Kammgarn seines Anzugs zog sich an der Schulter ein feiner bräunlicher Schatten, Schokolade oder Brei, hastig mit einem feuchten Küchentuch verrieben. Das Kind, etwa zehn Monate alt, hatte den Kopf abgewandt und in der Halsbeuge seines Vaters vergraben. Hinter den beiden tauchte ein Mädchen auf, blonde Haare und ein eher altmodisch wirkendes Kittelkleid mit winzigen Rüschen aus Feincord, ganz Prinzessin bis zu den dunkelrosafarbenen Hausschuhen. Eve schätzte ihr Alter auf vier Jahre.
Sie stieg aus, ging um den Wagen herum und öffnete für Anne die Beifahrertür.
"Look", sagte Nurring. "There she is. I told you she hadn't

---

macular degeneration [ˈmækjʊlə dɪdʒenəˈreɪʃn] Makuladegeneration

run away." Das Mädchen drängte sich an ihm vorbei und nahm die Puppe auf den Arm.

Annes Gesicht hatte sich gerötet.

"Robert. Bert. I know him." Sie wandte sich Eve zu, strahlend jetzt. "He's not a good golfer," Anne sprach schnell, als fiele es ihr schwer, ihre Gedanken in wenige Worte zu fassen. "He plays the piano well – Gershwin, Ellington, jazz and boogie. He studied at Oxford university. He **is allergic to strawberries**. He is a fantastic ..." Sie brach ab, plötzlich verwirrt und in ihren eigenen Gedanken verloren.

"Yes?"

"I don't know. I just thought of something but ... I think I'**m mixing** him **up with** someone else."

Anne rührte sich nicht, bis Eve sich über sie beugte, die Beifahrertür weit aufgerissen.

"If you need me just call. I'll pick you up any time, I promise. But I know you are going to be just fine."

Der Kies knirschte unter ihren Füßen, als sie den Gartenweg entlanggingen.

"Hello, Anne."

Nurrings Gesichtsausdruck war weich, sein Blick so intensiv, dass er fast starr wirkte. Er sucht nach einem Zeichen des Erkennens, dachte Eve, als Anne ihm die Hand gab, offensichtlich unsicher, wie sie ihn begrüßen sollte. Der kleine Junge hob seinen Kopf nicht, Eve hätte nicht sagen können, ob er schlief.

"It's nice to have you back, Anne. We were worried for a while."

Seine Hand fuhr durch die Luft, als sei er ein Schauspieler,

---

to be allergic to sth. [bi: ə'lɜ:dʒɪk tə] gegen etw. allergisch sein
strawberry ['strɔ:bərɪ] Erdbeere **to mix sb. up with sb.** [ˌmɪks / 'ʌp wɪð] jdn. mit jdm. verwechseln

dem der Text entfallen war. Er wusste nicht weiter. "Well, my wife is in Asia, but she will be back in a week or two."
Anne lächelte höflich.
"And what's your name?" Anne ging in die Knie, bis ihr Gesicht auf der Höhe des Mädchens war, das noch immer hinter dem Bein ihres Vaters versteckt stand. Sie lächelte es an, und Eve konnte sehen, dass sie sich Mühe gab, ihre Unsicherheit zu verbergen.
"Merle."
"Hello, Merle. How are you?"
Ohne eine Miene zu verziehen, gab das Kind ihr die Hand. Den Arm weit von ihrem Körper gestreckt, hielt sie die Berührung so kurz wie möglich. So hatte Eve ihre Großtanten begrüßt, die einmal im Jahr aus Hannover kamen und klebrige Karamellbonbons mitbrachten, die stundenlang zwischen den Zähnen klebten.
Das Mädchen zog sich wieder hinter das Bein ihres Vaters zurück. Ihre linke Hand hatte den Stoff seiner Hose nicht losgelassen.
"She hasn't missed me", murmelte Anne und blickte fragend zu Nurring hoch.
Nurring lachte ein wenig zu laut und schob das Kind zur Seite. "Oh, I told her you weren't feeling well." Er fasste Anne entschlossen am Ellbogen und führte sie ins Haus. "I think she is a bit **confused**."
"Daddy promised me a horse." Noch immer hatte das Mädchen den gleichen herausfordernden Gesichtsausdruck.
"That's right, Merle. I'm going to give you a pony for your fifth birthday. You still have to wait another month." Nurring zog das Mädchen von seinem Bein weg, ein wenig

---

confused [kən'fjuːzd] durcheinander

fester, als nötig gewesen wäre. "Would anybody like some coffee?"
Sie standen in einem hellen Gästezimmer, spärlich, aber geschmackvoll möbliert, mit eigenem Badezimmer und einem kleinen Balkon. Der Blick ging auf den Garten hinaus, auf Rosenbeete und alten Baumbestand, englische Gemütlichkeit anstelle japanischer Ruhe. Am Rand der Terrasse stand eine Tischgruppe unter einem Glasdach.
Anne blickte sich in dem Zimmer um, als habe sie es noch nie gesehen. Ihre Finger strichen leicht über die Stereoanlage, eine Reihe von CDs, die kleine Sammlung von Briefbeschwerern auf der Kommode. Die oberste Schublade des Nachttisches war leer.
Eve spürte das leise Bedauern Annes, als sie sie wieder zuschob. Was hatte sie erwartet? Schmuck? Einen Kalender? Ein Adressbuch? Unter der achtlos ausgebreiteten Tagesdecke sah das Bettzeug warm und verknittert aus. Im Schrank stand eine Reihe von Schuhen, teuer, aber achtlos durcheinandergeworfen.
Anne zog eine Schublade der Kommode auf und strich über die darin liegenden Kleider, hob eine Bluse hoch und betrachtete sie ernst. Sie sprach langsam, als müsse sie die Empfindungen zu ihren Worten erst suchen.
"I remember this one. I had a leather skirt in the same colour."
Einer der Ärmel war verknittert. Anne strich ihn geistesabwesend glatt, faltete den Stoff sorgfältig und legte die Bluse zurück.
Du hast vielleicht dein Gedächtnis verloren, aber nicht deinen Charakter, dachte Eve. Das peinlich aufgeräumte Zimmer, das Anne in ihrer Wohnung bewohnt hatte, fiel ihr ein. Vielleicht war ihr Bedürfnis nach Ordnung größer geworden im Chaos der letzten Tage.

Im Badezimmer lachte Anne.

"Look at this **shower brush**. My first **room-mate** in Sydney gave it me. She said it was the **ugliest** thing she could find, and I would always have to think about her **whenever** I saw it." Sie stand in der Tür und winkte mit einer Duschbürste aus dunkelgrünem Plastik in Froschform. "And you know what? She was right."

Übung 19: Vervollständigen Sie die fehlenden Wörter.

1. Robert Nurring's wife is in A _ _ _.
2. Merle would like a p _ _ _ for her birthday.
3. Nurring enjoys a game of g _ _ _.
4. He can also play the p _ _ _ _.
5. Nurring has a s _ _ and a d _ _ _ _ _ _ _ _.
6. Anne has got a s _ _ _ _ _ brush that looks like a frog.

---

shower brush ['ʃaʊə brʌʃ] Duschbürste **room-mate** ['ruːmˌmeɪt] Zimmergenossin **ugly** ['ʌglɪ] hässlich **whenever** [wen'evə] wann immer

Seven

Als Eve zwei Abende später nach Hause kam, ließ sie die Schlüssel auf den Tisch fallen und zog die Schuhe aus. Das Brot in ihrer Hand war noch warm, sie freute sich auf einen ruhigen Abend. Sie hätte den Anrufbeantworter nicht abgehört, wenn sie nicht eine Nachricht von Katrin erwartet hätte.

"Hallo Mama? Katrin hier. Andreas Katze hat drei Junge bekommen, sie hat mich eingeladen, sie anzugucken. Sie wollen sie verschenken, sonst kommen sie ins Tierheim, und Andrea sagt, die eine sieht aus wie ein Plüschhase und ist total süß. Auf jeden Fall komme ich so gegen acht, Andreas Mutter macht Pfannkuchen. Und, ach ja, in Mathe habe ich eine vier plus. Ciao!"

"Eve? It's Anne. I just wanted to thank you and say goodbye. I'm going home. Back to Australia."

Annes Stimme klang müde. Eve lehnte den Kopf gegen die Wand. Sie dachte an das Versprechen, das sie Anne noch zwei Tage zuvor gemacht hatte. Dann brachte sie das Brot in die Küche und steckte die Schlüssel wieder ein.

"She is such a ... She is ... I don't know. She's **two-faced**. She smiles at you one minute and the next moment she **drops** a glass full of orange juice into your **lap**. But **on purpose**, of course. I don't think she likes me."

Merle saß mit untergeschlagenen Beinen auf dem Teppich und schimpfte leise mit Fred dem Hamster, während sie versuchte, seinen Arm in einen zu engen Trainingsanzug zu

---

two-faced [ˌtuːˈfeɪst] falsch **to drop sth.** [drɒp] etw. fallen lassen
lap [læp] Schoß **on purpose** [ɒn ˈpɜːpəs] absichtlich

stecken. Sie hatte den Kopf leicht schief gelegt, die hochgesteckten Haare saßen wie kleine Hörnchen auf ihrem Kopf. Ein Kind wie Baiser mit Sahne, ein wenig zu süß. Eine einzelne Zahnlücke sah aus wie in ihr Gesicht retuschiert.
"Two-faced?" Eve hob die Augenbrauen, eher amüsiert als ernstlich beunruhigt.
Merle lächelte zögernd. Sie wusste genau, von wem die beiden Frauen sprachen.
"Two-faced and arrogant", flüsterte Anne. Mit verstellter Stimme fuhr sie lispelnd fort: "Daddy promised me a pony. I want a white horse, like **Sleeping Beauty's**. I'm going to get a pony for my birthday ..."
Eve lachte. Anne sah abgespannt aus. Sie war elegant, aber völlig unpassend gekleidet, mit einem leicht zerknitterten Seidenhemd und Strumpfhosen, die bereits die ersten Laufmaschen zeigten, und einem dunkelgrauen Rock. Ihr Blick wirkte unkonzentriert.
"I'm sorry. I guess I'**m overreacting**. The baby woke up **twice** last night. Aaron and Merle are **fussy** about their food. We need a full-time **chef** here to make the children's meals. I never know which **recipes** are best. And Mr Nurring has to work fifteen hours a day ... He's paying me extra, of course."
Anne schloss die Augen und lehnte den Kopf an die Wand. "I know I am the **grown-up** and Merle is only four years old but ..."
Eve wartete.
"I don't remember how I **managed** to look after Merle and

Sleeping Beauty [ˌsliːpɪŋ ˈbjuːtɪ] Dornröschen **to overreact** [ˌəʊvərɪˈækt] überreagieren **twice** [twaɪs] zwei Mal **fussy** [ˈfʌsɪ] heikel **chef** [ʃef] Koch **recipe** [ˈresəpɪ] Rezept **grown-up** [ˈgrəʊnʌp] Erwachsene **to manage sth.** [ˈmænɪdʒ] etw. fertig bringen

little Aaron before", flüsterte Anne zusehends erschöpft. Eve blickte aus dem Fenster. Die Gartenstühle standen heute vor dem Schuppen, geschwärzt vom Nieselregen. Unter der Tischplatte hatte das herabfließende Wasser eine kleine Mulde in die Erde gegraben. Das Geheimnis des Wartens besteht darin, dem anderen Raum zu geben. Nicht nur die Pause abzuwarten, bis man selbst weitersprechen kann. Das Geheimnis des Wartens besteht im Nichts, dachte Eve. Sie sah in den Regen.
"Sometimes I think I **am going crazy**." Annes Stimme klang rau. Sie begann an ihrem rechten Ringfinger zu nagen.

Übung 20: Bringen Sie die Wörter in die richtige Reihenfolge, sodass sie vollständige Sätze ergeben.

1. guess I overreacting am I.

____

2. remember look to Merle after don't I how I managed.

____

3. twice the last up night baby woke.

____

4. have children to the meals I make for.

____

5. Nurring work each Mr has time day to long a.

____

---

to go (went, gone) crazy [ˌɡəʊ / ˌwent / ˌɡɒn ˈkreɪzɪ] verrückt werden

6. girl pony father little the wants her a from.

____

"What about the mothers of the other kids in kindergarten? Do you remember any of them?"
Anne schüttelte den Kopf. "I didn't take her there. Mr Nurring sent the **housekeeper** instead. It was kind of him."
"So, the two of you get on?"
"Yes ... yes. He's nice. But ... he never stops watching me."
"Maybe you are really overreacting a bit."
Anne lachte hart auf. "Maybe I **am paranoid**, is that what you mean? But somehow I **feel uncomfortable** around him."
"Anne, remember what Dr Golz said. You have to be **patient**. Don't give up now."
Im Nachbarzimmer begann das Baby zu weinen. Anne legte die Fingerspitzen auf ihre Augenlider und schüttelte hilflos den Kopf.
"It took me almost an hour to get him to sleep ..."
"He**'s probably teething**. Shall I take care of Merle for a while?"
"Yes." Sie starrte die Wand an. "Yesterday afternoon I took the kids to Bahnhof Friedrichstraße, Robert wanted me to pick up some books for Merle. I recognized the place. It was a great feeling."
Sie sah Eve direkt in die Augen.

---

housekeeper ['haʊski:pə] Haushälterin **to be paranoid** [bi: 'pærənɔɪd] unter Wahnvorstellungen leiden **to feel (felt, felt) uncomfortable** [ˌfi:l / ˌfelt / ˌfelt ʌn'kʌmftəbl] sich unwohl fühlen **patient** ['peɪʃnt] geduldig **probably** ['prɒbəblɪ] wahrscheinlich **to teethe** [ti:ð] zahnen

"But I didn't recognize everything. I got on the train with the kids and after five stations I knew I was going in the wrong **direction**."

Eve hockte neben Merle auf dem Fußboden und fühlte sich um zehn Jahre zurückversetzt. Sie hatten Fred, den Hamster, ausgeschimpft und angezogen. Jetzt saß er schmollend im Kinderwagen und blickte mit seinen Glasaugen gegen die Wand. Merle kämmte mit großer Konzentration die Mähne ihres weißen Ponys. Aus dem Nebenzimmer drang noch immer die Melodie von Aarons Spieluhr.

"We're going to Austria in the summer holidays. And Daddy promised me a white ..."

"Merle!" Nurring stand in der Tür. Er hob das Kind hoch, den Blick starr auf Eve gerichtet.

"What are you doing here? Don't ask my daughter any questions when I'm not here." Er sah seiner Tochter sehr ähnlich in diesem Augenblick. Eve rechnete fast damit, dass er die Unterlippe vorschob.

"To tell you the **truth**. This isn't a police **interrogation**. It's a conversation." Sie schüttelte den Kopf, irritiert über das Missverständnis.

Übung 21: Benennen Sie die Gegensätze – tragen Sie den richtigen Buchstaben ein.

1. full	☐	**a.** dangerous
2. old	☐	**b.** weak
3. remember	☐	**c.** adults

---

direction [də'rekʃn] Richtung **truth** [tru:θ] Wahrheit **interrogation** [ɪnˌterə'geɪʃn] Vernehmung

4. truth	☐	**d.**	empty
5. strong	☐	**e.**	lie
6. wrong	☐	**f.**	young
7. children	☐	**g.**	forget
8. safe	☐	**h.**	right

"Where is Anne?"
"She**'s putting** Aaron to **bed**. I was just playing with Merle. I am sorry." Eve mochte den entschuldigenden Ton nicht, der sich unmerklich in ihre Stimme geschlichen hatte. "I didn't think you would mind."
"Yes, Daddy. Eve's been playing with me." Merle nickte, die hochgesteckten Zöpfe auf ihrem Kopf flogen vor und zurück. "And do you know what? I took Fred off the **shelf** and he **hid** under the sofa, and we had to **pull** him **out** together. He was so **naugthy**. But we **tricked** him."
Das Lächeln auf Nurrings Gesicht war gezwungen. Er setzte das Kind auf den Boden, ohne es angesehen zu haben.
"That's great, honey. Why don't you go and brush your teeth now? Show me that you are a big girl?"
"Fred won't fit into his jacket, so he will have to **go on a diet** just like my mum." Merle kicherte über ihre Indiskretion.
"Merle." Nurring kniete sich nieder, fasste das Kind bei den Schultern und sah ihm in die Augen. "Can you brush your teeth by yourself, honey?"
Sie nickte ernst.

---

to put (put, put) sb. to bed [ˌpʊt / ˌpʊt /ˌpʊt / tə ˈbed] jdn. zu Bett bringen **shelf** [ʃelf] Regalbrett **to hide (hid, hidden)** [haɪd / hɪd / ˈhɪdn] sich verstecken **to pull sb. out** [ˌpʊl / ˈaʊt] jdn. herausziehen **naugthy** [ˈnɔːtɪ] ungezogen **to trick sb.** [trɪk] jdn. austricksen **to go on a diet** [ˌgəʊ ɒn ə ˈdaɪət] eine Diät machen

"Okay. Off you go. Tell me all about Fred when I come up and give your good night kiss."

"Okay." Ohne einen Blick zurück verschwand Merle im Flur.

Hat er Angst, ich könnte mit dem Silber durchbrennen?, dachte Eve. Hatte er einen harten Tag im Büro? Was machte den Mann derart unsympathisch?

"Well, now that you are here, I can leave." Eve war aufgestanden.

"I am sorry. I forgot to tell Anne." Nurring zögerte. "We don't want any people we don't know personally in this house. Friends of ours have had a few bad experiences."

Eve griff nach ihrer Jacke.

"Sure. I understand. You can't be careful enough. But remember, I am a policewoman!"

"I know ... I will tell Anne that you said goodbye."

"Please tell her she can call me any time. Good night."

Nurring hielt ihr die Tür auf. Um die Straßenlaternen bildete der Sprühregen eine gelbliche Aura. Eve zog den Kragen ihrer Jacke hoch.

"Eve!" Oben an der Treppe stand Merle, mit Zahnpastaflecken auf ihrem Kleid. Fred baumelte kopfüber an ihrer Seite.

"Yes?" Eve drehte sich um.

Das Kind, die Zahnbürste in der Hand, stieg die Stufen herunter, die Hand fest auf dem Geländer. Die Stufen schienen sehr hoch zu sein. Sie drängte sich an ihrem Vater vorbei und blickte ängstlich zu Eve auf.

"Fred", lispelte sie. "Do you really think he is too fat?"

"No, Merle." Für einen Augenblick sah Eve ihre eigene Tochter vor sich. "No, he isn't. I promise. He's a wonderful hamster with a great personality. He reminds me of Winnie-the-Pooh."

Übung 22: Die folgenden Wörter kann man leicht verwechseln. Unterstreichen Sie den in den Satz gehörenden Begriff.

1. Merle's hamster *(remembers/reminds)* her of Winnie-the-Pooh.
2. *(Eventually/Perhaps)* Eve started to remember details of her life.
3. *(Currently/Actually)* Anne is working as an au pair for the Nurring family.
4. Merle keeps her toys on a *(shelf/board)*.
5. Mr Nurring is the *(chef/boss)* of European Investment Funds Ltd.
6. Eve asked Nurring if he needed a *(receipt/recipe)* for his bribe.

Eight

“Eve? Gerade kam ein Anruf für dich rein.”
Bessmann saß an seinem Schreibtisch und blickte nicht einmal von seiner Tastatur auf. Eve konnte seinen Hinterkopf sehen, die Haare, die dünner wurden, aber nicht grau. Eine kleine Eitelkeit, die ihn sympathischer machte in ihren Augen.
Er schickte seine Mail ab und sagte mit unbeteiligter Stimme: “Du hast am 24. November eine Suchmeldung aufgegeben. Jugendliche Blondine, lange Haare. Wer sucht so etwas nicht. Zehlendorf hat sich gerade gemeldet.”
“Autsch”, sagte Eve. Über dem Ärger mit Robert Nurring hatte sie vergessen, die Suchmeldung zurückzurufen, nachdem sie Annes Identität festgestellt hatte. Das Präsidium mit seinen Formularen und Berichten bot mehr als genug Gelegenheiten, Arbeit sinnlos hin oder her zu schicken, auch ohne dass ihr derartige Fehler unterliefen.
“Autsch”, nickte Bessmann grinsend. “Ich wusste von nichts, aber ich habe mich in deinem Namen bedankt. Geradezu überschwänglich. Hier. Deine Anne Thursley. Ich habe gesagt, du rufst zurück.”
Eve atmete so heftig aus, dass eine Haarsträhne nach oben wehte.
“Zehn Minuten hat Hebbich gesagt. Das war vor ...? Vier Tagen? Dauert nicht länger als zehn Minuten.”
“Du solltest nicht alles glauben, was du hörst.”
Eve nahm den Zettel und hatte den Hörer in der Hand, noch bevor sie ihre Jacke über die Stuhllehne gehängt hatte, und begann zu wählen.
Bevor sie die letzte Ziffer eintippte, sah sie auf. Der Kalender an der Wand stand noch auf dem achtzehnten November,

eine Ecke des Papiers hatte sich von der Wand gelöst und leicht aufgerollt.
"Hast du Zehlendorf gesagt?"

Anne ging nicht an ihr Handy.
"Hello, this is Anne Thursley's mailbox. Sorry, I am not **available** right now. Please leave your name and number after the **beep**, I will call you back as soon as possible. Thank you and goodbye."
Immerhin benutzt sie es, dachte Eve, sie hat die Mailbox besprochen. Die Stimme klang jung und unbeschwert, wie die Stimme der braun gebrannten Anne auf dem Bild, das Eve auf ihrem Visumantrag gesehen hatte, nicht wie die erschöpfte Frau mit den Ringen unter den Augen.
Zehlendorf?

Übung 23: Vervollständigen Sie die folgenden Sätze mit den angegebenen Präpositionen.
(for, about, at, back, on, by)

"Anne? This is Eve. I have to ask you some more questions, I'm afraid. Don't worry **1.** __________ the questions, but please call me **2.** __________. You can reach me **3.** __________ my mobile phone or **4.** __________ the station. I hope you are doing okay, and I hope you can come **5.** __________ next week. Katrin and I would love to have you here **6.** __________ dinner. See you."

---

available [ə'veɪləbl] erreichbar **beep** [biːp] Piepton

Die Haut der Frau vor ihr war mit Flecken übersät. Zwischen bizarren braunen Inseln war die Haut so milchig transparent wie bei einem Neugeborenen. Die Haare auf ihrem Kopf waren nicht mehr als weißer Flaum, in sorgfältige Wellen gelegt über rötlichem Schorf. Eve roch eine Mischung aus Lavendel, Penatencreme und leicht säuerlichem Atem. Die Hände, die den Schlüssel hielten, zitterten, als sie das Schlüsselloch suchte.

“Kann ich Ihnen behilflich sein?”

Eve hatte so höflich wie möglich gefragt, aber die Frau schrak zurück, verdeckte die Hand mit dem Schlüssel instinktiv mit ihrem Körper und schien noch tiefer in ihren Mantel aus schwarzem Pelz zu kriechen. Dieses Misstrauen sagte mehr über ihr Alter aus als die Farbe ihres Haares.

“Eve Santer, Kriminalpolizei. Ich möchte zu einer Frau Kreising hier bei Ihnen im Haus.”

Zu Eves Überraschung nickte die alte Frau schlicht und wandte sich wieder der Tür zu.

“Das Fräulein Thursley, ja? Haben Sie sie gefunden?”

“Ja.”

Die dünnen Schultern der Frau sanken tiefer, die Hand mit dem Schlüssel verharrte bewegungslos in der Luft.

“Es geht ihr gut”, fügte Eve hinzu.

Die alte Frau nickte wieder, öffnete die Tür und verstaute den Schlüssel sorgfältig in ihrer Handtasche. Der Verschluss rastete mit einem leisen Klicken ein.

“Sie könnten mir die Tüte tragen, wenn Sie so nett sein wollen.” Sie wies auf eine Plastiktüte zu ihren Füßen. Eve nahm sie auf; sie war ganz leicht, die Einkäufe einer alten Frau, die nur sich selbst zu verpflegen hat, nicht mehr als Kekse und Tee.

“Kreising, Anneliese Kreising ist mein Name. Ich habe bei Ihnen angerufen.”

Ohne sich noch einmal umzudrehen, begann die Frau, langsam die Treppe hochzusteigen. Ihre Handknöchel über dem geschwungenen Geländer färbten sich weiß vor Anstrengung. Eve sah auf den ersten Blick, warum Frau Kreising die Polizei verständigt hatte. Die Wohnung war leer geräumt, in einer schnellen, aber sorgfältigen Aktion. Reste von Verpackungen lagen neben einem halb vollen Umzugskarton. An der Wand konnte Eve die Umrisse von zwei Bildern erahnen, ein Nagel hatte beim Herausziehen ein wenig Putz mitgerissen. Kleinigkeiten, die ein Makler beim Auszug bemängelt haben würde, mehr nicht.
In der Küche hing eine Einkaufsliste:

garlic, tomatoes, **bay leaves**
Butcher's: **order** meat for Friday.
What is Wacholderbeeren? Ask R.
Bacon. Rice. **Yoghurt**.

Der Kühlschrank roch säuerlich nach alter Milch.
Hatte sie hier gestanden und gekocht, unbekannte Gerichte für zwei Personen, allein zwischen Kochbüchern, wie eine junge Hausfrau in den fünfziger Jahren? Das Mädchen mit dem Tattoo von Bondi Beach?
In dem Jugendstilschrank war ein malvenfarbener Lederrock vergessen worden. Der Rock lag auf dem Boden, er roch kaum wahrnehmbar nach Leder und Fisch. Eve strich ihn glatt und legte ihn vorsichtig zurück.
Cremes und Zahnpasta waren aus dem Badezimmerschrank

---

garlic ['gɑːlɪk] Knoblauch **bay leaf** ['beɪ liːf] Lorbeerblatt **butcher** ['bʊtʃə] Metzger **to order sth.** ['ɔːdə] etw. bestellen **yoghurt** ['jɒgət] Joghurt

verschwunden. Es wirkte, als habe jemand alles mit einem schnellen Griff ausgeräumt und dann keine Zeit mehr gehabt oder das Interesse verloren. Die Gurgellösung gegen Halsschmerzen stand allein neben einer angebrochenen Packung Zahnseide. Im Kamm hingen noch einige Haare, lang und blond. Die verschiedenen Aufsätze des Haartrockners steckten noch in der Originalverpackung; darauf war eine Frau abgebildet, von der man nichts als Haare und Badeanzug sah. Eve drehte die Verpackung um und las auf der Rückseite: Made in Australia. Der dazugehörige Fön war verschwunden.

Hinter der Verpackung lagen eine Creme gegen Pilzerkrankungen, ein elektrisches Epiliergerät und Tampons. Keine Gegenstände, die man neben seine Parfüms stellt, dachte Eve, aber wer lässt sie zurück, egal, wie viel Zeit noch bleibt? Hatte Anne gepackt? Nurring?

In der Dusche lag eine Seifenschale aus dunkelgrünem Plastik.

Anne ging nicht an ihr Handy. Eve wusste nicht, was sie eigentlich von ihr wollte. Wollte sie sie warnen? Befragen? Das Mädchen erinnerte sich an nichts.

Eve setzte sich auf das Bett in Anne Thursleys Schlafzimmer.

Sie streifte ihre Schuhe ab und starrte an die Decke. Draußen schwangen die Äste einer kahlen Buche im Novemberwind. Erst jetzt spürte sie, wie kalt es in dem Raum war.

Was hast du hier gemacht?, dachte sie.

Sie hatte beobachtet, wie Anne das Zimmer bei den Nurrings in Besitz genommen hatte. Ihre Verwirrung, ihre Angst, die Realitäten, die sich verschoben, die S-Bahn, die in die falsche Richtung fuhr – alle Erklärungen lagen hier vor ihr.

Anne hatte zuerst die Bücher angesehen, CDs und Bücher.

Eve erinnerte sich an das Bedauern, mit dem das Mädchen den Nachttischschrank in Nurrings Zimmer zugeschoben hatte. Was hatte sie gesucht? Eve drehte sich um.
Neben dem Bett stand ein Jugendstilnachttisch, die kupfernen Aufschläge in Form von Seeanemonen, das Wurzelholz so fein poliert, dass es den Glanz von billigem Lack angenommen hatte. Er war abgeschlossen, Eve stand auf und kippte das Schränkchen zurück, sie konnte hören, wie sich etwas in seinem Inneren verschob. Etwas, das zurückgelassen worden war, weil derjenige, der das Zimmer ausgeräumt hatte, den Schlüssel nicht besaß. Weil Anne ihn trug ... an einer Kette um ihren Hals? Von der nach dem Unfall nichts geblieben war als eine feine Abschürfung, die manchmal am Ausschnitt ihres T-Shirts zu sehen war?
Wer hat gepackt, dachte Eve, und warum? Handelte es sich um eine Amnesie, hervorgerufen durch einen schweren Schock? Oder war es nur eine dieser kläglichen alltäglichen Geschichten, in denen eine Lüge auf die andere folgt, bis es schließlich kein Zurück mehr gibt? War Nurring in die Wohnung seiner Geliebten gefahren, um heimlich ihre Zahnpasta und eine Duschbürste in Froschform nach Hause zu tragen? Warum?
Eve setzte sich wieder auf das Bett, stützte die Ellbogen auf ihre Knie und legte die Fingerspitzen leicht aneinander.
Sollte sie die Spurensicherung informieren? Es lag keine Straftat vor. Was sollte sie Staatsanwalt Hebbich sagen? Im Bad waren noch Tampons und Watte. Der Nachttisch war verschlossen, sie wusste nicht, was darin lag. Das war nicht genug.
Sie wusste, dass sie gehen sollte, aber ihre Augen suchten bereits einen Gegenstand, der flach und stabil genug war, um in die Lücke über der Schublade geschoben zu werden.

Das Schloss spang fast lautlos auf. In dem Nachttisch lag ein Buch, in dunkles Leder gebunden.

I am looking forward to spring.
At home it is nothing more than the feet of the surfers, red and **swollen** from the cold, but happy to be around again. The little yellow flowers at the beach **flourish** ... I don't even remember their name. Black clouds on the **horizon**, waiting to **burst**, and the cold wind that can **chill** you **to the bone** through a sweatshirt, even while you get ready to surf. It is over as soon as the first Santa Clauses **appear** at the beach, **sweating** under their white **beards**. **Within** a week or two temperatures jump up to 40 degrees Celsius at eight o'clock in the morning.
Summer is **unmistakable**. But spring? It's gone before you realize it's even been there.
But here, spring is something else. I've seen photographs of **blossoming cherry trees**. **Rosebuds**. New grass. An incredible nature wasting itself on spring.

Übung 24: Was wissen Sie über die Jahreszeiten in Australien? Kreuzen Sie die richtigen Aussagen an.

1. ☐ Spring is from September to November.

2. ☐ The Australian Christmas is in the middle of summer.

---

swollen ['swəʊlən] geschwollen **to flourish** ['flʌrɪʃ] sprießen **horizon** [hə'raɪzn] Horizont **to burst (burst, burst)** [bɜːst / bɜːst / bɜːst] zerplatzen **to chill sb. to the bone** ['tʃɪl / tə ðə 'bəʊn] jdn. völlig durchfrieren lassen **to appear** [ə'pɪə] auftauchen **to sweat** [swet] schwitzen **beard** [bɪəd] Bart **within** [wɪð'ɪn] innerhalb **unmistakable** [ˌʌnmɪ'steɪkəbl] unverwechselbar **to blossom** ['blɒsəm] blühen **cherry tree** ['tʃerɪ triː] Kirschbaum **rosebud** ['rəʊsbʌd] Rosenknospe

3. ☐ It is always very wet in Australia.
4. ☐ The centre of Australia is very dry.
5. ☐ The dry season is in autumn and winter.
6. ☐ It never snows in Australia.

Eve blätterte. Keine Namen, keine Daten. Das Buch war gefüllt mit Annes Gedanken.

In Japan the most **precious** things are **short-lived**. They are **fragile**. You know that they will be gone any moment now, that they **will vanish** in time. In Europe things have to **prove** themselves by **durability**. All these buildings here, after all these years, are **extraordinary**. Being around those things makes you feel connected to something going back a long time. I love the old buildings and **antiques** in Europe. They make me feel safe.

Sie hätte es nicht zurückgelassen, dachte Eve. Niemals. Ihr ganzes Leben war hier.

What was it like for my mother when she was going blind? Macular degeneration. A black **stain** in front of your eyes that gets bigger and bigger every day. My mother didn't have much time left to see everything she wanted to see, to do everything she wanted to do ...
And she lost everything: Dad, who left because he could not

---

precious ['preʃəs] kostbar **short-lived** [ˌʃɔːt'lɪvd] kurzlebig **fragile** ['frædʒaɪl] zerbrechlich **to vanish** ['vænɪʃ] verschwinden **to prove oneself** ['pruːv wʌnself] sich bewähren **durability** [ˌdjʊərə'bɪlətɪ] Haltbarkeit **extraordinary** [ɪk'strɔːdnərɪ] außergewöhnlich **antique** [æn'tiːk] Antiquität **stain** [steɪn] Fleck

take it any more; her house on Bondi Beach; and me. Europe is my way out. Still, sometimes I wonder whether I have my own black stain inside. Nobody can see it but it is there. Europe is my way out.
I can hear a voice **whispering** at night. Take everything you can get. As much as you can. Nothing lasts for ever.

Eve legte das Buch auf den Nachttisch und sah zu, wie die Seiten sich wieder öffneten. Tief in der Falz konnten ihre Fingerspitzen die unregelmäßigen Ränder von abgerissenem Papier spüren.

Übung 25: Bilden Sie die Steigerungsform der Adjektive, wie im Beispiel vorgegeben.

1. a big stain

   a bigger ______________ stain

2. a loud noise

   a ______________ noise

3. an important memory

   a ______________ memory

4. a poisonous animal

   a ______________ animal

5. a naughty child

   a ______________ child

---

to whisper ['wɪspə] flüstern

6. a difficult job

a ________________________ job

7. a bad experience

a ________________________ experience

8. a busy beach

a ________________________ beach

9. an interesting find

a ________________________ find

10. a strange book

a ________________________ book

"Tee?", sagte Frau Kreising und stellte die Kanne vorsichtig vor Eve auf den Glastisch. "Roibuschtee. Früher haben wir immer Earl Grey getrunken, mit Zitronensaft, nicht mit Milch, aber mein Magen verträgt das nicht mehr." Sie ging mit kleinen Schritten um den Tisch und ließ sich langsam in ihren Sessel am Fenster sinken. Dann maß sie sorgsam vier Teelöffel einer klaren Flüssigkeit ab und goss sie in ihre Tasse. "Dreimal am Tag vier Esslöffel", sagte sie, "gegen mein Herzrasen."
Für einen Augenblick schloss sie die Augen. Eve fragte sich, ob die Flüssigkeit nach Alkohol gerochen hatte.
"Zucker?"
"Danke, nein." Eve blickte auf die zierliche Tasse in ihrer Hand. Über dem Tee war ein dunkler Rand zu erkennen und ein Rest von Lippenstift; sie stellte die Tasse vorsichtig zurück auf den Tisch.
"Schön haben Sie es hier", sagte sie. "Frau Kreising, wann

genau hatten Sie den ersten Verdacht, dass Fräulein Thursley ..."
"Ein Service, achtzehn Teile, von Dessertschalen über Platzteller bis zur Sauciere", murmelte Frau Kreising. Ihre Lippen waren schlaff und ein wenig zu feucht. "Ein Hochzeitsgeschenk für Mama, verstehen Sie. Zusammen mit dem Haus haben sie es von ihren Schwiegereltern bekommen, fertig möbliert, mit Vorhängen und Wäsche. Sie haben es nicht selbst ausgesucht, sehen Sie, obwohl sie sie natürlich gefragt hatten, Mamas Schwiegermutter war sehr rücksichtsvoll in dieser Hinsicht. Ja. So war das damals. Ich habe es immer geliebt. Diese Anmut. Sehen Sie. Lilien." Ihre arthritischen Hände strichen über die faltenlose Tischdecke.
Eve lächelte. "Was Ihre Vermisstenanzeige angeht ..." Sie beugte sich vor und rückte bis an die Kante des Sessels, um Frau Kreisings Aufmerksamkeit auf sich zu lenken.
"Das meiste ist im Krieg zerbombt und verbrannt, natürlich. Wir hatten es im Garten vergraben, als die Russen kamen, zusammen mit dem Nazigeschirr der Helmholls von gegenüber. Geschirr mit Hakenkreuz, ich bitte Sie. Man kann auch zu weit gehen, als Nächstes kaufen sie Bettwäsche mit Runen. Dabei war er ein entsetzlicher Parvenü, hat Mama immer gesagt, mit diesem Dienstbotenbärtchen."
Frau Kreising zog die Flasche zu sich heran und goss vier weitere Teelöffel in ihre fast leere Tasse, hob sie mitsamt der Untertasse hoch und nahm einen Schluck. Ihre Hände zitterten nicht mehr. Sie stellte die Tasse wieder ab und sackte in sich zusammen. Eve wollte aufstehen, aber die Frau sprach weiter.
"Wir haben das Haus geteilt, natürlich. Zuerst waren Offiziere einquartiert, Engländer, sogar ein Neuseeländer war dabei. Sehr höfliche Menschen, und so exotisch für uns.

Lucky Strike, Hershey **Chocolate Bars**, die Kinder waren verrückt danach. 'You are such a beautiful lady', haben sie immer gesagt. 'So beautiful. What can we do for you?'" Die alte Frau verlor sich in ihren Erinnerungen. "I need some petrol please. A little bit of chocolate. A few bits of **fabric** to make a new skirt – das war alles, was ich zu sagen brauchte damals. Verstehen sie, die meisten Menschen haben sich ihre Kleidung aus alten Vorhängen genäht."

Übung 26: Die folgenden Begriffe sind zählbar oder nicht zählbar – fügen Sie "a few" oder "a little" ein. Die ersten Beispiele sind vorgegeben.

1. a ___*little*___ chocolate
2. a ___*few*___ cars
3. a ____________ petrol
4. a ____________ cups of tea
5. a ____________ tea
6. a ____________ ladies
7. a ____________ friends
8. a ____________ fabric
9. a ____________ books
10. a ____________ water

Eve nickte. Es hatte keinen Zweck, die Frau zu drängen. "Diese lockere Art, sich zu bewegen, und die Musik. Sehen

---

chocolate bar ['tʃɒklət bɑː] Schokoriegel **fabric** ['fæbrɪk] Stoff

Sie, wir haben Glück gehabt. Keine Vertriebenen aus den Ostgebieten. Die haben zum Teil wild gehaust hier in der Gegend. Es war ja nicht ihr Geschirr ..."

Eve schwieg.

"Ich denke, deshalb hat sie die Wohnung genommen, weil ich ein wenig Englisch spreche. Fräulein Thursley, ja ... Sie war keine Britin, sie war Australierin, haben Sie das gewusst? Ein nettes Mädchen, sehr still, obwohl natürlich – aber die Vorstellungen haben sich geändert heutzutage."

Frau Kreising nahm den Löffel und rührte um, obwohl ihre Tasse eigentlich leer sein musste.

"Geändert inwiefern?"

Die alte Frau stellte die Tasse klirrend zurück. Ihr Lächeln war im linken Mundwinkel deutlicher zu erkennen als im rechten. Sie hatte einen Schlaganfall, dachte Eve, sonst würde ich sie für verschlagen halten.

"Ich war nicht immer so alt, Frau Kriminalkommissarin. Jazz hab ich gehört, mit sechzehn schon, schwarzen Jazz, Armstrong, Fitzgerald ..." Sie schloss die Augen und legte den Kopf zurück. Dann begann sie mit einer brüchigen Altstimme zu singen: "I've seen trees of green, red roses too ... and I think to myself ... what a wonderful world ... Wundervoll, nicht? Bis '36 natürlich nur. Danach haben wir die Platten weggegeben, alles andere hätte ich meiner Mutter nicht antun können." Sie nahm geräuschvoll einen weiteren Schluck.

"Seit wann hat Fräulein Thursley ..."

"Da können meine Enkel sagen, was sie wollen. Das war keine Mitläuferei. Ich hatte eine Verantwortung. Diese BDM-Landpomeranzen, mit ihren blonden Zöpfen, das waren wir nicht, hier war Berlin. Machen Sie sich nichts vor, das wurde alles nicht 1968 erfunden ... Aber Sie trinken Ihren Tee ja gar nicht."

“Faszinierend”, murmelte Eve und versuchte, nicht in die Tasse zu sehen, während sie gehorsam einen Schluck nahm.
“Was das Fräulein Thursley angeht ... Die meisten jungen Menschen wohnen ja lieber in der Innenstadt heutzutage, zentral, wie man sagt.”
Frau Kreising goss noch einmal aus der Flasche nach, diesmal ohne den Löffel zu Hilfe zu nehmen.
“Fräulein Thursley war schon ein wenig anders. In die Oper ist sie gegangen, ins Ballett. Elegant gekleidet, auch der Herr, das muss man sagen. Ein junges Ding ohne Deutschkenntnisse, Studentin, sehr hübsch, aber die Miete hat sie nicht selbst bezahlt, Frau Santer. Nicht, dass sie nicht von ihrem Konto kam ... Aber ich glaube nicht, dass sie sich auf Dauer damit zufriedengegeben hätte. Sie wollte höher hinaus, wenn sie mich fragen. Berechnend, das war sie. Eine kluge junge Frau.”
Eves Mund wurde trocken. Sie dachte nicht an Anne. Sie dachte an Barbara Nurring.

Nine

"Ich begreife nicht, wie ihr so blind sein konntet", murmelte Bessmann ironisch.

Eve warf ein zusammengeknülltes Papier nach ihrem Kollegen. Sie selbst wiederholte diesen Satz seit über einer Stunde.

"Wir haben nie damit gerechnet, dass noch jemand in dem Wagen gesessen haben könnte. Ich habe nicht mal versucht, ihn bergen zu lassen."

"Dass sie vielleicht nicht in Taiwan ist, muss ja nicht gleich heißen, dass sie in der Spree liegt."

"Wenn Nurring nicht gelogen hat, *muss* hier eine Meldung vorliegen. Ein Chemieunfall, mein Gott, Bessmann, es muss eine Erwähnung geben. Nurring hat etwas von Brandverletzungen erzählt, Säure im Fluss ... irgendetwas."

"Sie haben es unter den Tisch gekehrt", schlug ihr Kollege vor.

"Nein, vergiss es", beharrte Eve. "Frau Nurring ist immerhin Vizepräsidentin des Konzerns. Wenn sie nach Taiwan fliegt, ist da mehr umgekippt als eine Dose Cola."

"Falls sie nach Taiwan geflogen ist."

"Die Sekretärin hat die Geschichte bestätigt."

Bessmann nickte.

"Wir drehen uns im Kreis." Eve rieb sich die Augen. Sie starrte seit Ewigkeiten auf den Monitor.

"Ich begreife nicht, wie du so blind sein konntest."

"Hattest du Singpong Hour Weaving gesagt?" Bessmann tippte etwas auf seiner Tastatur. Der Drucker begann zu surren.

"China Financial Times. Aber kein Wunder, das wir nichts gefunden haben, scheint eine Lappalie gewesen zu sein. Es stand unter Vermischtes, neben der Einweihung einer Wetterstation, soweit ich es verstanden habe. Übersetzen musst du selbst."

Sie griff nach dem Papier, das Bessmann ihr über den Tisch reichte und überflog den Text.

Ammonia leak after **break-in** Taipeh, Taiwan. AFP
Poisonous chemicals (**ammonia**) leak into a river after a factory break-in in Taiwan. Security standards are very high, declared company spokeswoman Barbara Nurring. The police **are investigating** the **possibility** that this was an inside job ...

"Was steht drin?"
Eve hob die Schultern. "Barbara Nurring wird erwähnt. Sie hält eine Pressekonferenz in Taiwan zum fraglichen Zeitpunkt ab. Ansonsten liest es sich wie eine Werbebroschüre. Internationale Sicherheitsstandards, gute Krankenversorgung, kooperatives Verhalten der Firmenleitung. Drei leicht Verletzte. Ich weiß nicht, vielleicht hat Nurring einfach überreagiert."
"Oder sein Ansprechpartner in der chinesischen Produktion."
Eve nickte. "Ja. Kann sein."
"Reicht dir das?"

Übung 27: Welche der folgenden Aussagen sind wahr? Kreuzen Sie die zutreffenden Sätze an.

1. ☐ Some employees died in a factory in Taiwan.
2. ☐ The **company** makes **bombs**.
3. ☐ Poisonous chemicals leaked into a river.
4. ☐ Barbara Nurring was found in the car.

---

break-in ['breɪkɪn] Einbruch **ammonia** [ə'məʊnɪə] Ammoniak **to investigate sth.** [ɪn'vestɪgeɪt] etw. untersuchen **possibility** [ˌpɒsə'bɪlətɪ] Möglichkeit **company** ['kʌmpənɪ] Firma **bomb** [bɒm] Bombe

5. ☐ Anne can speak German well.
6. ☐ Barbara Nurring is still in Asia.

"Wegen Frau Nurring? Ja, sicher. Ich habe ja nicht wirklich gedacht, dass sie in der Spree liegt. Aber blind war ich trotzdem. Und wissen wir, ob sie wirklich in Taiwan ist?"
"Willst du Kaffee?"
Eve schüttelte den Kopf. An der Tür drehte Bessmann sich noch einmal um.
"Soll ich die Anfrage bei der Flugsicherung stornieren? Nicht, dass du es wieder vergisst und ..."
"Mein Gott, Bessmann, du bist so ein Streber. Hau bloß ab."
Sie hörte ihn lachen, als er den Flur hinunterging.
Eve goss etwas Mineralwasser in die Töpfe ihrer Kakteen. Die Erde fühlte sich schon nach wenigen Augenblicken wieder körnig und trocken an.
Nurring hatte eine solche Energie ausgestrahlt. Eine solche Konzentration. Womit hatte er gerechnet? Bhopal? Seveso? Tschernobyl? Wozu die Aufregung? Er hätte nur kommen und Anne bei mir abholen müssen, dachte Eve. Eine Fahrt in ihre Wohnung und einen Sekt darauf, dass Eve ihn und nicht seine Frau zuerst erreicht hatte. Im Grunde hatte er Glück gehabt. Warum hatte er solche Angst?
Sie strich die Erde von ihren Fingern und wandte sich wieder ihrem Monitor zu. Unter dem Stichwort "Ammoniak" fand sie drei weitere Einträge zu dem Unfall in Singpong Hour Weaving. Alle schienen die gleiche Geschichte zu erzählen.

The **leak** was first found by workers at 11:30 pm.

---

leak [li:k] Leck

Bessmann stellte eine Tasse Kaffee vor sie, schwarz. "Bist du immer noch dabei?"
Eve blickte weiter auf den Monitor. Bessmann ließ sich in seinen Bürostuhl fallen.
"Natürlich hat er gelogen, Eve. Was soll er denn sonst tun? Er ist aufgeflogen. Er gibt an, ihr Arbeitgeber zu sein, um ein Visum für sie zu erschleichen. Damit sie studieren kann, arbeiten, was weiß ich. Sie wird nicht die ganze Zeit zu Hause gesessen haben, um auf ihn zu warten. Und es war weiß Gott leicht genug für sie, ihn unter Druck zu setzen. Er hat einiges zu verlieren. Und zack hat sie ihr Visum. Das Problem ist nur, dass er seine Adresse als Arbeitgeber angeben muss."
Bessmann unterbrach sich, um Eves Reaktion abzuschätzen.
"Der arme Mann."
"Ich weiß, dass du sie magst", sagte er.
"Red weiter", erwiderte sie ruhig.
"Dann schickt die Botschaft die Polizei bei ihm vorbei, um das Au-pair zu Hause bei seiner Frau abzugeben. Natürlich hat er gelogen, was hättest du denn an seiner Stelle getan? Es sind schon reihenweise Leute aufgeflogen, weil sie vergessen haben, die Nachrichten auf ihrem Handy zu löschen. Lippenstift am Hemdkragen, eine Sekretärin, die nichts von der Geschäftsreise weiß ... Aber niemand, wirklich niemand rechnet mit so etwas."
Bessmann begann, mit einem Kugelschreiber zu spielen.
"Und weil er feige ist, hat er sich gedrückt, wie jeder vernünftige Mann in seiner Situation das tun würde. Hat dem Himmel für den Unfall in Taipeh gedankt, ihn ein wenig aufgebauscht und seine Frau in das nächste Flugzeug gesetzt, schließlich ist sie die Vizepräsidentin und nicht er. Und plötzlich hat er eine Polizistin im Haus, die seine Geliebte betreut und seine Tochter verhört. Das muss ein Albtraum

für ihn gewesen sein. Unter den gegebenen Umständen war er eigentlich noch recht freundlich zu dir."
"Ich weiß nicht." Eve starrte auf den Monitor.
"Du bist stur." Bessmann warf den Kugelschreiber zurück auf den Schreibtisch.
"Mmh." Eve rief die nächste Seite auf.
"Okay." Er griff zum Telefonhörer. "Stellen Sie mich durch zu den Kollegen von der Flugsicherung, bitte." Sein Kugelschreiber klopfte leicht gegen die Schreibtischlampe, während er wartete.
Eve strich über ihre aufgesprungene Unterlippe und las den Artikel noch einmal.

The leak was first found by workers at 11:30 p.m. They informed their **supervisor** ...

Sie stutzte.

The leak was first found by workers at 11:30 p.m. ...

Sie sah auf. "Bessmann, in welcher Zeitzone liegt Taiwan?"
Eves Kollege ließ den Hörer sinken.
Bessmann schob ihr die Anrufliste über den Tisch.
"Er kriegt meinen Anruf um halb zwei", murmelte Eve. "Da erfährt er, dass Anne Thursley am Leben ist. Dass die Polizei eingeschaltet ist und ihn für ihren Arbeitgeber hält."
"Und hängt dich ab."
Eve nickte. "Kurz nach zwei ruft er in Taiwan an. Das war der erste Anruf, den ich auf seinem Handy gefunden habe.

---

supervisor ['su:pəvaɪzə] Vorgesetzter

Die Sekretärin sagt, er benutzt es nur in Notfällen."
Bessmann begriff, worauf Eve hinaus wollte. "Zu einem Zeitpunkt, an dem es in Taiwan noch keinen Notfall gab. Bei einer Zeitverschiebung von sieben Stunden war es erst kurz nach neun in Taiwan. Und der Unfall ..."
"... ereignete sich Stunden später, um halb zwölf." Eve sprach die Schlussfolgerung aus. "Nur dass es kein Unfall war, sondern Sabotage."
"Dann hat Nurring also irgendjemanden in Asien angerufen und den Zwischenfall inszeniert."
"Ja", sagte Eve, "aber wenn er bereit war, einen solchen Aufwand zu treiben, frage ich mich, in welchem Zustand Annes Wagen war, als sie verunglückt ist. Ich rufe die Verkehrssicherheit an. Und dann fahre ich zu den Nurrings."
Eve stand auf.
Bessmanns Telefon klingelte, die Zentrale stellte einen Anruf durch.
"Bessmann, Mordkommission." Er deckte die Sprechmuschel mit der Hand ab und sagte zu Eve: "Ich hab die Fluggesellschaft." Er stellte den Lautsprecher ein.
"Es geht um die Anfrage bezüglich einer Barbara Nurring, Berlin – Taiwan am 28. 11. 07", sagte die Frau am anderen Ende der Leitung. Die Stimme klang atemlos und dünn, als sei die Sprecherin noch sehr jung oder nicht ganz zurechnungsfähig. "Ich darf Ihnen telefonisch keine Auskünfte erteilen", fuhr sie unsicher fort.
"Frag sie, ob sie herausfinden können, wann der Flug gebucht wurde."
Bessmann reichte ihr wortlos den Hörer. "... für alles Weitere müssten Sie einen schriftlichen Antrag stellen."
Eve schwieg. Die Frau räusperte sich; Eve konnte ihren Atem hören, leicht keuchend vor Nervosität. Sie sprach weiter, weil

Eves Schweigen sie nervös machte, mit dem leicht singenden Tonfall einer geborenen Bürokratin.

"Also gut ... Hinflug 28.11. ab Flughafen Berlin Tegel planmäßig um 18 Uhr 23 nach Schiphol, Amsterdam. Barbara Nurring, erste Klasse, Sitz 8C. Eingecheckt mit einem britischen Reisepass Nummer E 08768543, ausgestellt am 24.8.2005 in London, Visum unbegrenzt gültig; Rückflug am 31. November, über Frankfurt am Main, Reisepass E 08768543, gelandet um 21 Uhr 37 in Berlin Tegel."

"Einunddreißigster November?"

"Ja, gestern Abend um halb zehn."

Übung 28: Bringen Sie die folgenden Ereignisse in die richtige Reihenfolge.

a. ☐ Eve told Nurring about Anne.
b. ☐ There was an 'accident' in a Taiwanese factory.
c. ☐ She lost her memory.
d. ☐ She had an accident.
e. ☐ Nurring called China.
f. ☐ The police found out who she was.
g. ☐ Anne came to Germany.
h. ☐ Someone took her to hospital.
i. ☐ She moved into Frau Kreising's apartment.
j. ☐ Barbara Nurring flew to Taiwan.

Ten

Augen aus Smaragd starrten bewegungslos in die Dunkelheit, gespiegelt in den gläsernen Vitrinen. Gelbe Löwen schritten majestätisch über türkisfarbenen Grund, als liefen sie über Wasser. Unter der Treppe stand das Modell einer Pyramide, deren Ränder schwarz und fettig waren von den Abdrücken kleiner Finger, die Menschen, die sich daran vorbeischoben, beachteten sie kaum. Der Raum roch nach nassen Wollmänteln und Resten von uraltem Staub. Neben einer Plastikpalme sprang ein Kind auf und ab, von den weißen Kacheln auf den roten Teppich, vor und zurück, ohne Unterbrechung oder erkennbaren Sinn. Irgendwo hustete ein alter Mann.

"Kaffee?"

Eve sah auf den Styroporbecher in Bessmanns Hand, dann in sein Gesicht. "Ich glaube, das müsste sie sein, in der blauen Strickjacke. Neben der Garderobe. Elf Uhr."

Eve deutete mit einer Kopfbewegung auf eine ältere Dame, auffallend groß, mit einer altmodischen Brille in Schmetterlingsform, die an einer vergoldeten Kette um ihren Hals hing. Die Haare waren in einem betont lockeren Knoten im Nacken zusammengebunden. Sie trug flache Schuhe, fleischfarbene Strumpfhosen und einen überknielangen grauen Wollrock.

"Die Beschreibung war gut", meinte Bessmann. "So was hätte ich gern öfter."

"Wir suchen die englische Museumsführerin, Mrs Brockhill", hatten sie der jungen Frau an der Kasse gesagt. Die Kassiererin hatte ihren Kaugummi zur Seite geschoben und genickt.

"Sieht genauso aus, wie man sich eine Museumsführerin

vorgestellt hat vor fünfzig Jahren. Sie können sie nicht verpassen, die Frau ist ein Witz. Erinnert mich immer an meine erste Handarbeitslehrerin."

"Ein Drachen?", meinte Bessmann. Er hatte sich weiter über den Tresen gebeugt, als nötig gewesen wäre. Die junge Frau hatte eine Haut, die das Licht anzuziehen schien, glatt und hell wie Milch.

"Aber sagen Sie es nicht weiter?", fügte er mit einem leichten Grinsen hinzu. Eve rollte die Augen.

Die Kassiererin zuckte gelangweilt die Schultern, die Gleichgültigkeit in ihrem Gesichtsausdruck ließ sie plötzlich weniger attraktiv erscheinen. "Ich hab mit ihr nichts zu tun. Ist mir scheißegal."

"Mrs Brockhill, Führung jede volle Stunde, vielen Dank." Er hatte mit der Hand auf den Tresen geklopft und Eve dann souverän am Ellbogen durch die wartenden Besucher geleitet. Sie nahm an, dass der Kaffee der Dank dafür gewesen war, dass sie ihre Gedanken nicht laut ausgesprochen hatte.

Eve musterte die Museumsbesucher, die sich bei der Frau bedankten, während sich schon eine neue Gruppe um sie zu sammeln begann: ein paar Rentner, eine Mutter mit Kinderwagen und einem Kleinkind an der Hand und eine Familie mit zwei gelangweilten Teenagern.

"The Pergamon is Berlin's most popular museum with as many as 850,000 visitors a year ...", begann Mrs Brockhill ihren Vortrag.

850.000 Besucher jährlich, dachte Eve, das sind wie viele am Tag? 2500? Wir suchen die Nadel im Heuhaufen. Und wir wissen noch nicht einmal, ob sie hier sind.

"... Among the great museums, art and culture in the capital of Germany, the standing of the Pergamon Museum is hardly surprising", fuhr Mrs Brockhill fort. "It presents three **outstanding collections** under one roof: the Antiquity Collection, the Museum of Islamic Art and the Museum of the Near East. The museum has been named after the Great Altar of Pergamon, built in the second century **BC**. If you would follow me to the north wing, please."

Sie ließ ihren Blick über die Gruppe schweifen und nickte den Besuchern freundlich zu. Als die Teenager an ihr vorbeigingen, wurde ihr Blick schärfer. "And don't touch the glass, will you? Don't think I haven't seen it."

"Komm." Bessmann zog sie sanft am Ärmel. "Sie sind nicht hier."

Vor dem Eingang zerriss Eve ihren Becher in kleine Fetzen. Weiße Styroporschnipsel lagen zu ihren Füßen. Sie lehnte ihren Kopf erschöpft an die nasse Sandsteinwand hinter sich. Der Himmel über ihr war grau, seit Tagen schon. Die Regentropfen fielen fast senkrecht.

"Vergiss es", meinte Bessmann. "Sie sind unterwegs und sehen sich die Stadt an. Wieso sollten sie auch ausgerechnet im Museum sein", wiederholte er.

"Sie ist irgendwo hier. Falls sie wirklich eine Stadtbesichtigung machen, sind sie hier in der Nähe. Anne mochte Antiquitäten, Altertümer, alles in der Richtung. Alles, was es in Australien nicht gibt."

Er schob die Styroporflocken ordentlich mit der Spitze seines Schuhs zusammen, seine Augen suchten nach einem Papierkorb. "Versuch es doch noch einmal bei Nurring."

Was sind wir alle doch für brave kleine Streber geworden, dachte Eve. Wir sind so obrigkeitshörig wie jede Generation

---

outstanding [aʊt'stændɪŋ] überragend **collection** [kə'lekʃn] Sammlung **BC (= Before Christ)** [biː'siː] vor Christus

vor uns und bemerken es noch nicht einmal. Oder bin ich einfach nur müde?
Eve schloss die Augen.
"Ich habe ihm viermal auf die Mailbox gesprochen und dazu noch seine Sekretärin benachrichtigt.

Übung 29: Setzen Sie die richtigen Wörter an den passenden Stellen ein.
(please, wife, talk, woman, call, walk)

'Mr Nurring, I have to **1.** __________ to your **2.** __________ or to Anne **immediately**. Your cleaning **3.** __________ tells me that they are sightseeing in Berlin at this very moment. They wanted to **4.** __________ around interesting parts of the city. I am trying to find them. We are at Museumsinsel right now. **5.** __________ give me a **6.** __________ as soon as you hear from them.'

Einmal habe ich statt 'Anne' sogar 'your lover' gesagt. Das sollte doch wohl reichen, dass er mich zurückruft. Ich wüsste nicht, was ich sonst noch sagen sollte."
"Falls die Putzfrau alles richtig verstanden hat."
Eve schüttelte müde den Kopf.
"'Anne has to see some of Berlin, before she leaves. It would be a pity to go back to Australia without seeing some interesting **sights**.' Es gibt nicht viel, was man daran missverstehen könnte."

---

immediately [ɪ'mi:dɪətlɪ] unverzüglich **sight** [saɪt] Sehenswürdigkeit

“Es ist Nurrings Problem, nicht unseres. Seine Frau und seine Geliebte sehen sich Berlin an. Das ist kein Fall für die Mordkommission, Eve.”
“Ja”, sagte sie und dachte: noch nicht.
“Ich wünschte, Gülcan würde sich endlich melden”, sagte Bessmann, “wie lange kann es dauern, einen Wagen zu bergen?” Die Reste des Styroporbechers zu seinen Füßen sahen aus wie eine kleine Pyramide.
“Ich muss zurück ins Präsidium, Eve”, sagte Bessman. “Sightseeing in Berlin könnte alles heißen. Wenn du mich fragst, ist die Sache hoffnungslos.”
“Ja, ich weiß”, sagte Eve, machte aber keine Anstalten zu gehen.
“Wenn du willst, fahre ich dich noch irgendwo hin. Zum Alex oder zum Checkpoint Charlie?”
Eve dachte nach. Sie hatte Annes Tagebuch gelesen, Seite um Seite gefüllt mit ihren Gedanken. Sie versuchte sich zu erinnern.

All these buildings here, after all these years, are extraordinary. Being around those things makes you feel connected to something going back a long time. I like the old buildings and antiques in Europe. They make me feel safe.

“Oder kommst du mit zurück?”, fragte Bessmann, als Eve nicht antwortete.
Sie schüttelte den Kopf.
“Ruf mich an, wenn du was hörst.”
Eve war auf dem Weg zum Deutschen Historischen Museum im Zeughaus, als sie den Wagen in der Luft baumeln sah.
Es war ein schwarzer Jeep, überdimensioniert für die Straßen einer mitteleuropäischen Stadt, mit getönten Scheiben; einen

schwarzen Panzer hatte Eve ihn genannt. Nurring schien nicht viel Zeit zum Parken gehabt zu haben. Fast zu groß für die Ladefläche des Abschleppwagens, ragte der Jeep unübersehbar in die Luft, er schwankte im Wind. Eve konnte das leise Knirschen der Ketten hören, an denen er hing. Der Fahrer des Abschleppwagens sah angespannt aus, das Gesicht unnatürlich gerötet unter der speckigen Baseballkappe, seine Augen zuckten zwischen Rückspiegel und Gangschaltung hin und her.

In diesem Augenblick klingelte ihr Handy.

"Santer."

"Mrs Santer? Nurring here. You were trying to reach me?"

"Mr Nurring, we know that your wife flew in from Asia yesterday evening ..."

"I know. We are all visiting Berlin Cathedral. We are ... Hold on for a second, plea..."

Das Gespräch brach ab. Eve wartete einige Minuten, aber die Leitung blieb tot.

Sie drängte sich vorbei an wartenden Touristen und einer gelangweilten Schulklasse. Verschiedene Treppen führten aus der Eingangshalle nach oben in den Rundgang der Kuppel, nach unten zu den Grabstätten, zum Restaurant und dem Inneren der Kirche. Eve schob sich durch das große Portal Richtung Altar. Sie brauchte einen Augenblick, um sich an die relative Dunkelheit im Dom zu gewöhnen. Die Besucher zwischen den Kirchenbänken im Altarraum hatten die Augen nach oben in die Kuppel gerichtet.

"Der Berliner Dom wurde zwischen 1747 und 1750 erbaut. König Friedrich der Große beauftragte den Architekten John Boumann den Älteren, einen neuen, barocken Dom anstelle des einsturzgefährdeten ursprünglichen Doms zu bauen ..."

"Anne?", rief Eve und übertönte die Museumsführerin.

Ihre Stimme füllte den Altarraum, prallte zurück von den filigranen Verzierungen des Altars, kletterte die Orgelpfeifen nach oben über die bärtigen Gesichter der Heiligen und schien das Glasdach in der Kuppel vibrieren zu lassen.
Die Gesichter, die sich Eve zuwandten, waren verzerrt vor Empörung.
“Was bilden Sie sich ein ...”
“Sie befinden sich in einer Kirche ...”
“Kriminalpolizei”, sagte Eve, zog hastig das Foto von Anne aus der Tasche und reichte es dem Rentner neben sich. “Ich suche dieses Mädchen. Hat einer von Ihnen sie zufällig gesehen?” Dann legte sie wieder den Kopf zurück und schrie: “Anne? Mr Nurring?”
Das Foto wurde zögernd betrachtet und mit Kopfschütteln weitergereicht.
“Mr Nurring, where are you? I have to talk to you.”
Ihre Stimme klang dünner diesmal, die Töne glitten durch das Echo ineinander, bis die Worte unverständlich wurden. Niemand antwortete. Füße kratzten über den Boden. Draußen auf der Spree gab einer der Ausflugsdampfer ein Signal, das Geräusch hörte sich dumpf und unwirklich an. Alle Augen waren auf Eve gerichtet.
Verdammt, dachte sie, vielleicht sind sie unten im Keller bei den Sarkophagen, vielleicht gehen sie gerade durch den Hinterausgang oder sitzen im Café. Vielleicht hat Nurring sich auch geirrt.
Oder er hatte gelogen.
“Dieses Mädchen? War das eine Engländerin?”
Eve drehte sich um. “Sie spricht Englisch, ja.” Das Schlucken fiel ihr schwer.
“Ich habe gehört, wie sie sich unterhalten haben. Sie sind nach oben gegangen.”

“Nach oben?”
“Nach oben. Aufs Dach.”
Eve schob die Frau vor ihr zur Seite und begann zu rennen.

Die Gänge im oberen Teil des Doms waren ursprünglich nicht für Besucher gedacht gewesen. Ein schmaler Rundgang führte im Kreis um die Kuppel des Altarraums. Er war eng und schmucklos weiß verputzt. Eve rannte. Wegen der Krümmung des Gangs konnte sie nur wenige Meter weit sehen. Die wenigen Besucher, die vor ihr in den Altarraum hinuntersahen, richteten sich höflich auf und machten ihr Platz. Der Gang war so schmal, dass sie sich nur mit Mühe an ihnen vorbeizwängen konnte.
“Zum Dach?” Eve atmete in tiefen, fast krampfartigen Zügen.
“Am Ende des Rundgangs. Immer geradeaus”, sagte die Frau, die Eve angesprochen hatte, freundlich. Sie zog ihre kleine Tochter ein wenig näher zu sich heran. “Es gibt keinen Aufzug”, fügte sie hinzu, “vielleicht sollten Sie es ein wenig langsamer angehen.”
Eve nickte, noch immer atemlos. Ihr Handy klingelte, ihre Finger fühlten sich steif an, als sie es ungeschickt aus der Tasche zog.
“Ja?”
“Mrs Santer?” Es war Nurrings Stimme, flach und leise. Eve presste das Telefon gegen ihr Ohr.
“We’re on the roof. Please hu... No! No!”
Eve konnte die Angst in seiner Stimme hören. Übelkeit überschwemmte sie wie eine Welle.
Ein hartes, dumpfes Geräusch drang aus dem Lautsprecher, dann wieder Nurrings Stimme.
“I’ll put it down. See? Here. Take it. I’ll put it down.”

Seine Stimme klang jetzt weit entfernt. Er hat das Telefon auf den Boden gelegt, dachte Eve. Sie biss sich auf die Lippen und spürte den salzigen Geschmack von Blut. Sie musste weiter, sie musste wissen, was sich dort oben abspielte, verhindern, dass ein Unglück geschah. Sie rannte keuchend den gewundenen Gang entlang, tastete nach ihrer Waffe und erinnerte sich daran, dass sie in der linken Schublade ihres Schreibtischs lag. Eine Kleinigkeit, es dauert nicht mehr als zehn Minuten, hatte Hebbich gesagt. Eve atmete hörbar aus.
“Mr Nurring?”, rief sie in den Gang. “Anne? Are you there? Anne?”
Die Tür zum Außengang war ein kleines, schwankendes weißes Viereck vor ihr.
Auf dem Dach war der Wind stark und überraschend kalt, er trieb feine Regentropfen in Eves Gesicht. Vor ihr erhob sich die große, mit Grünspan überzogene Kuppel des Doms wie eine riesige Kugel. Eine schlichte Stahltreppe führte steil hinauf zur Aussichtsplattform.
Nurring stand auf halber Höhe der Konstruktion, den Blick nach oben gerichtet, sein Mantel flatterte im Wind. Die Hände waren um den Stahl des Geländers gekrallt.
Anne lag auf einem Baugerüst, zwei Meter unter der Treppe. Sie musste über das Geländer gestürzt sein. Der Arm unter ihrem Körper war seltsam verdreht. Eve konnte Blut an ihrer Schläfe erkennen, knapp über der Augenbraue. Das Haar darüber war verklebt, ungewohnt dunkel und stumpf. Eve sah hinunter auf das steil abfallende Dach und versuchte, nicht daran zu denken, was geschehen wäre, wenn Anne nicht von dem Gerüst aufgefangen worden wäre. Dann riss sie ihren Blick los und hob den Kopf.
Am oberen Ende der Treppe stand Barbara Nurring, eine zierliche, brünette Frau in einem eleganten dunkelblauen

Wollmantel. Der Bügel ihrer Handtasche war ihr von der Schulter gerutscht, das Haar klebte in feuchten Strähnen in ihrem Gesicht, die braunen Augen waren weit aufgerissen. Ihre geschminkten Lippen waren seltsam verzerrt, Mascara lief über ihre Wangen. Sie schüttelte den Kopf, eine mechanische Bewegung, sinnlos, als wäre ihr Hals eine langsam auspendelnde Feder. Sie schien sich kaum noch auf den Beinen halten zu können, die Hände fest um das Geländer der Stahltreppe gekrallt. Sie brauchte ihre ganze Konzentration, um einen Schritt nach oben zu machen, weg von Anne. Dann noch einen.

Ihre Augen waren auf Nurrings Gesicht gerichtet. Sie sah nicht ein einziges Mal zu Eve hinüber.

"Honey", murmelte Nurring, "I love you. Oh my God, I love you. I love you."

Der Wind blies ihm Tränen über das Gesicht.

Übung 30: Beantworten Sie die folgenden Fragen zu der Geschichte – kreuzen Sie an.

1. Who flew in from Taiwan?
   - a. ☐ Eve
   - b. ☐ Mr Nurring
   - c. ☐ Mrs Nurring
2. Whose car was hanging in the air?
   - a. ☐ Eve's
   - b. ☐ Mr Nurring's
   - c. ☐ Mrs Nurring's
3. What kind of things does Anne want to see before she goes home?
   - a. ☐ modern buildings
   - b. ☐ antiques
   - c. ☐ shops

4. Where does Eve eventually find Mrs Nurring and Anne?
   a. ☐ in the Pergamon Museum
   b. ☐ in Berlin Cathedral
   c. ☐ in the Zoological Gardens
5. Who has fallen over the **railing**?
   a. ☐ Anne
   b. ☐ Mr Nurring
   c. ☐ Mrs Nurring

Eves Finger tasteten nach ihrem Telefon. Sie sprach schnell und leise.
"Ich hab sie, Bessmann. Wir sind auf dem Dach des Doms. Ich brauche einen Krankenwagen. Ich hoffe bei Gott, dass wir nur einen Krankenwagen brauchen. Vermutlich eine Schädel- oder Wirbelsäulenfraktur." Sie holte tief Luft. "Und die Feuerwehr." Eve blickte zu Barbara Nurring. Ihre Augen waren weit aufgerissen und starr. "Es könnte jemand springen." Sie ließ das Handy zurück in ihre Tasche gleiten. Dann trat sie vor.
"Mrs Nurring? It's **over**." Sie sagte es so sachlich wie möglich.
Nurring fuhr herum.
"Please **let me handle this** situation, Mrs Santer. Stay where you are. I am talking to my wife."
Die geheuchelte Sanftheit in seiner Stimme machte Eve aggressiv. Yes, your wife, dachte sie. But your lover is here too, Mr Nurring. And we all can see how well you have handled the situation up to now.
Sie sprach es nicht aus.

---

railing ['reɪlɪŋ] Geländer **over** ['əʊvə] vorbei **Let me handle this.** [ˌlet 'mɪ ˌhændl ðɪs] Überlassen Sie das mir.

Barbara Nurring nahm eine weitere Stufe. Sie ging rückwärts nach oben, die Hände noch immer um das Geländer verkrampft. Sie hatte Angst, furchtbare Angst.
Eve versuchte, sich weiter an sie heranzuschieben, aber Nurring stand ihr im Weg. Er redete noch immer auf seine Frau ein. Banalitäten, Fragmente, in einem singenden Tonfall, mit dem man ein Kleinkind beruhigt.
"It reminds me a bit of Venice, don't you think so? You remember Venice, don't you? The pizza on the piazza." Er lachte leise. "Our Italian **adventure holiday**. We had **blisters** on our feet." Er schob sich weiter nach oben. "We spent all of the third day in bed. Our first holiday after Merle's ... Babs!" Nurring schrie. Seine Frau war gestolpert, richtete sich aber sofort wieder auf, die Augen noch immer auf das Gesicht ihres Mannes geheftet. Sie hatte die Aussichtsplattform fast erreicht. Von unten trug der Wind den Klang einer Sirene herauf. Eve drehte sich um. Anne lag noch immer auf dem Gerüst einige Meter unter ihnen. Hatte sie sich bewegt?
"Mrs Nurring?" Eve sprach leise, aber bestimmt. "Do you want to talk to your lawyer? It is over, Mrs Nurring. It's over. Anne Thursley is alive. We just have to bring her in now. She will be alright."
Barbara Nurring bewegte ihre Lippen lautlos, brachte aber keinen Ton hervor. Sie steht unter Schock, dachte Eve.
"I will call your lawyer or anybody else you would like to talk to. Okay? Mrs Nurring? Look at me, please."
Barbara Nurring drehte den Kopf und sah hoch auf die Aussichtsplattform, der einzige Ausweg, der ihr noch blieb. Ihre Lippen waren so weiß wie der Rest ihres Gesichts, als

---

adventure holiday [əd'ventʃə ˌhɒlɪdeɪ] Abenteuerurlaub **blister** ['blɪstə] Blase

wäre ihr Mund wegradiert worden in den letzten Minuten. Ich habe noch nie einen Menschen mit einer derartigen Angst gesehen, dachte Eve. Mehr als Angst, es ist Entsetzen. "Honey, please. It's okay. I'll always be here. Always", sagte Nurring. Seine Frau blickte ihn an. Dann begann sie zu lachen, hart und in kurzen, gepressten Stößen. Sie drehte sich um und rannte die letzten Stufen hinauf.
Eve träumte davon, noch Wochen später. Die Treppe war nass, rutschig vom gerade wieder einsetzenden Regen; der Wind zerrte mit jedem Schritt stärker an ihren Kleidern. In ihrem Blickfeld tauchten weit unten die Straßen Berlins auf, der Alexanderplatz, rechts davon, schmal und weit entfernt, die Spree. Barbara und Robert Nurring hatten die Plattform fast erreicht. Der Wind schien jetzt von allen Seiten zu wehen. Da rutschte sie ab. Eve spürte den Schmerz, mit dem ihre Schienbeine auf die Stahlstufen schlugen und wusste, dass sie verloren hatte.
Barbara Nurring stand auf der Plattform, unerreichbar weit über ihr, den Blick starr nach unten gerichtet. Im letzten Augenblick schien sie zu zögern.
Ihr Mann warf sie zu Boden. Sie schrie und schlug wild um sich. Er presste sie mit seinem Körper auf den Boden und strich ihr das Haar aus der Stirn, zärtlich, immer wieder. Eve, Bessmann und der Leiter der Feuerwehr zogen ihn hoch.
"I love you." Tränen fielen auf ihren Mantel. "I love you."

Übung 31: Bilden Sie das Gegenteil der folgenden Sätze, wie im Beispiel vorgegeben. Achtung: Die letzten drei Sätze stehen im Past Simple.

1. Mr Nurring loves his wife.

Mr Nurring doesn't love his wife.

2. Eve likes Mr Nurring.

____

3. Anne is Robert Nurring's daughter.

____

4. Bessmann called Eve.

____

5. Nurring **shouted at** his wife.

____

6. Anne woke up.

____

---

to shout at sb. ['ʃaʊt ət] jdn. anschreien

Eleven

"You were lucky! We found a short **rubber truncheon**, about twenty centimeters long. Small enough to fit into a coat pocket. You can buy them in any army shop. If she had used a **lead pipe** ... You were very lucky."

"Lucky", sagte Anne und hob die Hand vorsichtig an den Netzverband, der über ihren Kopf gezogen war. Sie benutzte die linke Hand, die rechte lag in einer Schlinge über ihrer Brust. "Actually, I feel sick."

Sie hatten Anne in ein Einzelzimmer auf der orthopädischen Station gelegt, nicht länger intensiv überwacht. Medizinisch gesehen war das ausgerenkte Schultergelenk die schwerste Verletzung. Ihre Kopfwunde war geklebt, nicht genäht worden, der Schädelknochen nicht verletzt. Sie hatte Glück gehabt.

"And I've got **a hell of** a headache", sagte sie.

"It's the second concussion within a few days, Anne. I'm sorry but I need a **brief statement** about what happened."

Anne lachte hart. "It will be quite brief, don't worry. I can't remember anything."

"You must know who **hit** you."

Anne schüttelte den Kopf. Eve sah, dass sie weiß wurde, und griff nach der Nierenschale.

"Es ist besser, wenn sie den Kopf nicht schüttelt", sagte die Krankenschwester, die wartend neben der Tür stand. "Und fassen Sie sich kurz."

---

rubber truncheon ['rʌbə ˌtrʌnʃn] Gummiknüppel **lead pipe** ['led paɪp] Bleirohr **a hell of** [ə 'hel əv] höllisch **brief** [bri:f] kurz **statement** ['steɪtmənt] *hier:* Schilderung **to hit (hit, hit)** [hɪt / hɪt / hɪt] schlagen

Eve nickte. "Anne? I can come back another time."
"I'm fine."
Eve konnte die Anspannung auf ihrem Gesicht sehen. Sie wirkte erwachsen, bitter und sehr beherrscht; die Surferin aus Bondi Beach war kaum noch zu erkennen. Zeit, sie nach Hause zu schicken, dachte Eve.
"No, really", fuhr Anne fort. "It has got nothing to do with amnesia this time. I didn't see who hit me. We were walking up those **stairs**, talking about Berlin and the sights. I had the feeling that everybody was quite **tense**, but we were all trying to act normal."
"Did Robert Nurring meet you there?"
"We were looking at the altar when he arrived. He suggested going onto the **roof**. But I guess we would have gone **anyway**. All the **travel guides** recommend it."
"How did he know where to find you in the first place?"
"I guess Mrs Nurring called him."
"So you were sightseeing."
"Yes. I stopped to **pull up** the **hood** of my jacket. It was windy up there. So I couldn't really see what was behind me. I heard Barbara talking about the **synagogue**, and I remember looking for it. That was all. I woke up in the ambulance."
"Do you remember where you were standing?"
Anne überlegte. "We were halfway up those **steps**. I remember **leaning against** the **rail**, looking around, and trying to

---

stairs [steəz] Treppe **tense** [tens] angespannt **roof** [ruːf] Dach
anyway ['enɪweɪ] sowieso **travel guide** ['trævl gaɪd] Reiseführer
to pull up sth. [ˌpʊl 'ʌp] etw. hochziehen **hood** [hʊd] Kapuze
synagogue ['sɪnəgɒg] Synagoge **step** [step] Stufe **to lean (leant, leant) against sth.** [ˌliːn / ˌlent / ˌlent ə'genst] sich an etw. anlehnen
rail [reɪl] Geländer

see something. The synagogue, probably. I could go up there and show you."
"What do you remember about the railing?", fragte Eve.
Anne verstand sofort, was sie meinte. "It was – I don't know. One metre fifty perhaps? One sixty?"
Eve nickte nachdenklich. Ein brusthohes Geländer, hoch genug, um Besucher am Fallen zu hindern, aber nicht hoch genug, um einen willkürlich herbeigeführten Sturz oder Selbstmord auszuschließen. Sobald Anne ohnmächtig über dem Geländer hing, war es ein Leichtes gewesen, ihre Beine anzuheben. Sie war kopfüber nach unten gestürzt.
"Sorry, that's all. Did Barbara Nurring **push** me **over** the railing? Will she **get away with it**?"
Eve lächelte ihr zu. "Don't worry. We have her **fingerprints**, all over the truncheon. A colleague of mine is looking for her fingerprints on the car you drove a few weeks ago. We think she has a strong **motive** ..."
"But she **hasn't confessed**?"
Eve schüttelte den Kopf.
"Ich denke, Sie haben, was Sie brauchen?" Die Krankenschwester trat ans Bett. Eve klappte ihr Notizbuch zu und folgte ihr zur Tür.
"What about Robert?"
Annes Stimme war leise, aber klar. Als Eve zum Bett zurückging, bemerkte sie, dass sie sich Mühe gab, vorsichtig auf-

---

to push sb. over sth. [ˌpʊʃ / ˈəʊvə] jdn. über etw. stoßen **to get away with it** [ˌget əˈweɪ wɪð ɪt] ungestraft davonkommen **fingerprint** [ˈfɪŋgəprɪnt] Fingerabdruck **motive** [ˈməʊtɪv] Motiv **to confess** [kənˈfes] gestehen

zutreten. Sie hatte gehofft, vermeiden zu können, was jetzt folgte, zumindest an diesem Tag.
"He can't **give evidence** right now. Doctor's orders. Besides, he is married to the **accused**. I am afraid he **will refuse** to give a **statement**. But we can't change that."
Anne blickte nicht auf. Sie weiß, sie ist nicht unschuldig an der Situation, dachte Eve. Auch wenn sie sich nicht erinnert.
"He was your lover, Anne. I found your **diary**. That's what I was calling you about all the time."
Anne widersprach nicht. Ihre Hände strichen die Bettdecke glatt.
"I couldn't find it. The mobile phone. I am sorry."
"That reminds me." Eve zog Katrins altes Handy aus ihrer Tasche und legte es auf Annes Nachttisch. "We found it in Barbara Nurring's coat pocket. She didn't want us to contact you."
Anne blinzelte und blickte an die Decke, um die Tränen zurückzuhalten.
"How is she?"

Übung 32: Setzen Sie die folgenden Wörter ein. Alle fangen mit "s" an.
(several, sad, sorry, shock, seen, simple)

"Mrs Nurring? She's in **1.** ________. I haven't **2.** ________ her yet. Besides, there are lawyers and doctors all around her. It isn't that **3.** ________ to talk to her. But she will go to pri-

---

to give (gave, given) evidence [ˌgɪv / ˌgeɪv / ˌgɪvn ˈevɪdəns] aussagen
accused [əˈkjuːzd] Angeklagte **to refuse** [rɪˈfjuːz] sich weigern
statement [ˈsteɪtmənt] Aussage **diary** [ˈdaɪərɪ] Tagebuch

son for **4.** ________ years. **Attempted murder**. And she has the children to worry about. I think it's very **5.** ________.

Eve sah aus dem Fenster. Regentropfen glitten über die Scheiben und hinterließen verschlungene Muster.

"I am **6.** ________", flüsterte Anne. "It is all my **fault**."

Eve dachte daran, wie Nurring sich auf dem Dach verhalten hatte. Was hatte er gesagt? *I love you. I love you.*
Sie können sagen, was sie wollen, es macht keinen Unterschied, dachte Eve und ging.

An der Art, wie er den Atem flach zwischen die Zähne sog, spürte Eve, dass Gülcans Anspannung stieg. Es war stockdunkel, nur zwei Polizeischeinwerfer tauchten die Szenerie in gleißendes Licht.
Das Heck des Wagens hatte sich aus dem Wasser gehoben, einer der schwierigsten Augenblicke der Bergung: der Moment, an dem der Auftrieb des Wassers nachlässt und Kran und Karosserie das Gewicht des gefüllten Innenraums tragen müssen. Wenn die Wagen älter waren oder länger im Wasser gelegen hatten, brachen sie oft, mit Glück nur an der Hinterachse, manchmal auch in der Mitte, wie ein minderwertiges Kinderspielzeug.
Gülcan griff nach seinem Sprechfunkgerät, um den Mann an der Winde anzuweisen, das Tempo zu verringern, ließ es aber doch. Der Mann wusste, was er tat. Eine Anweisung wäre nichts gewesen als ein bloßer Ausdruck der eigenen Ner-

---

attempted murder [əˌtemptɪd ˈmɜːdə] versuchter Mord **fault** [fɔːlt] Schuld vosität und mangelnden Vertrauens. Sie warteten schweigend. Der Wagen hing fast bewegungslos, während das Wasser aus dem Innenraum strömte, eine unaufhaltsame, übel riechende Flut.

"B-NU 8466", sagte der Mann an der Winde, als er das Nummernschild lesen konnte, "wir haben ihn."

Der Tee, den einer der Taucher herumgehen ließ, schmeckte nach Rum. Gülcan trank, ohne eine Miene zu verziehen. Es war fast Winter, Eve spürte ihre Zehen nicht mehr. Oben auf der Brücke begannen vereinzelt Autos zu hupen, Schaulustige warfen ihnen Bemerkungen zu, die komisch sein sollten, der Wind trug sie in Fetzen vor sich her.

Das Fahrzeug schwenkte zu ihnen herüber, die herabrinnenden Tropfen bildeten einen Halbkreis auf der spiegelglatten Fläche der Spree.

"Der Wagen ist leer, das klären wir immer vor dem Anbringen der Winde", murmelte Gülcan. "Sieht immer ziemlich ekelhaft aus. Ich habe Wochen gebraucht, um wieder unbeschwert Auto fahren zu können nach den ersten Einsätzen. Aber du würdest dich wundern, manchmal schneiden wir aus solchen Wracks noch Menschen raus, die haben nicht mehr gebrochen als einen Unterarm." Er schob Eve zur Seite. "Mach Platz, Santer. Hier wird's gleich nass."

Der Boden war bereits nach wenigen Sekunden aufgeweicht und schlammig. Ein Hochdruckreiniger spülte den Schlamm von der Karosserie. Die rechte Frontseite war durch die Leitplanke und den Aufprall aufs Wasser beschädigt. Gülcan zog eine Taschenlampe aus dem Mantel und leuchtete in das Wrack.

"Okay. Ladet ihn auf und bringt ihn gleich nach Reinickendorf. Wir haben morgen um halb elf einen Termin in der forensischen Abteilung. Und der Generator muss heute Abend noch zurück." Der Fahrer des Abschleppwagens ließ den Motor an und setzte zurück. Gülcan wandte sich zu Eve um.

"Du siehst ja, die rechte Seite ist eingedrückt. Wahrscheinlich müssen wir die Karosserie aufschweißen, aber vorher müssen alle technischen Änderungen dokumentiert sein. Das kann ein, zwei Tage dauern. Gibt es irgendwas, das du im Moment dringend brauchst? Das Handschuhfach könnten wir auch von hinten erreichen."

Eve dachte nach. Gab es etwas, das sie im Augenblick dringend brauchte? Schlaf, ein heißes Bad. Zeit für ihre Tochter. Sie schüttelte den Kopf.

"Ich tippe auf eine Spannungsrisskorrosion an den Bremszangen, wahrscheinlich durch künstliche Überhitzung", fuhr Gülcan fort. "Das führt dann wiederum zu einem schlagartigen Belastungsversagen ... und wumm."

"Irgendeine Chance, dass es doch ein Unfall war, ein Werkstattfehler, Pech, irgendwas?"

Gülcan schüttelte den Kopf.

"Wenn du mich fragst, bei einem 2005er Modell – ich würde mir einen Durchsuchungsbefehl beschaffen. Das sieht nicht gut aus."

"Nach was soll ich suchen?"

Er zuckte die Schultern. "Einen Wagen zu sabotieren ist nicht schwer. Das Problem liegt darin, nicht aufzufliegen. Bunsenbrenner. Schraubenzieher, Flachzange. Ich hätte alles, was du brauchst, in der Garage."

Um halb elf kam der Anruf der Spurensicherung: Die Bremsleitungen des Unfallwagens waren angesägt. Eve sprach dem Staatsanwalt die letzten Informationen auf Band und ging nach Hause.

Sie hörte die Badezimmertür knallen.
“Wo ist mein blaues Sweatshirt?” Katrins Gesicht, rot vor Wut, tauchte in der Küchentür auf. Eve versuchte, ihrer Stimme den richtigen Klang zu verleihen: ruhig genug, um einer Auseinandersetzung aus dem Weg zu gehen.
“In der Wäsche, glaube ich.”
Katrin drehte sich mit einem Aufschrei um. “Das hast du vor zwei Tagen schon gesagt!”
Ja, und, dachte Eve. Wahrscheinlich habe ich nicht gewaschen in den letzten zwei Tagen. Wahrscheinlich hatte ich anderes zu tun.
“Wenn du willst, schreibe ich dir eine Entschuldigung”, rief sie ihrer Tochter hinterher. “Ich habe verschlafen. Mein Wecker hat nicht geklingelt. War mein Fehler.” Ich hätte sie bei meiner Mutter schlafen lassen sollen, dachte sie, dann wäre sie pünktlich aufgestanden heute Morgen. Es ist nicht ihre Schuld, dass ich zu lange arbeiten muss in letzter Zeit.
Katrin warf sich den Rucksack über die Schulter und zog die Turnschuhe aus dem Schrank. Ihr Mund war klein und verbissen.
“Oh Gott, ja, großartig, dann kann ich mich auf einen halbstündigen Vortrag zum Thema Verantwortung und Eigenständigkeit von Frau Wiener gefasst machen. Und ich stehe da wie ein Baby.”
“Katrin, ich habe mich entschuldigt. Und du hättest deinen Wecker wirklich ...”
“Das Telefon klingelt, Mama. Du solltest besser drangehen. Es könnte *wichtig* sein.”
Wo hatte sie nur diesen Sarkasmus her? Eve hob den Hörer ab.
“Eve Santer.”
“Du bist so blöd”, schrie Katrin aus dem Hausflur. Eve hoffte,

dass der Anrufer ihre Tochter nicht gehört hatte, aber dessen Stimme klang, als würde er lächeln.
"Bitte entschuldigen Sie die frühe Störung, Frau Santer. Jeremy Rosengarten, Barbara Nurrings Anwalt. Ich komme aus London." Jeremy Rosengarten sprach ein fast akzentfreies Deutsch. "Ich weiß, mein Anliegen ist vermutlich ungewöhnlich, aber ich möchte mit Ihnen sprechen. Meine Mandantin beteuert, dass sie unschuldig ist."
Ich auch, dachte Eve, ich auch. Aber das nützt uns nichts.

"Möchten Sie noch einmal allein mit Ihrer Mandantin sprechen?", fragte Eve.
Jeremy Rosengarten hielt die Tür für sie auf.
Er schüttelte den Kopf. "We had a few hours together yesterday, thank you. But I wouldn't mind some comfortable chairs." Er lächelte. "Und eine Tasse Kaffee", fügte er hinzu. "Damit unsere Unterhaltung kein strenges Anwaltsgespräch wird. Was meinen Sie, wäre das möglich?"
Wie kontrolliert er ist, dachte Eve. Ein schmaler, fast hagerer Mann, auf den ersten Blick eher unscheinbar, kaum größer als sie selbst, aber er strahlte eine unglaubliche Sicherheit aus. Er trug einen altmodischen braunen Anzug mit Weste und Seidenhemd und Schuhe aus braunem Leder, die vermutlich maßgeschneidert waren. Alles an ihm sah teuer aus, aber die Ausstrahlung lag in seinen Augen: dunkel und sehr intelligent. Er weiß, wie er wirkt, dachte Eve. Er versucht, mich zu beeindrucken.
"Wir haben kein Interesse an einer bloßen Unterhaltung, Mr Rosengarten", sagte Eve ruhig.
Rosengarten lächelte. "Sehen Sie, meine Mandantin ist vor wenigen Stunden aus dem Krankenhaus entlassen worden. Sie ist diese Art von Gespräch nicht gewöhnt ... Sie hat noch

nie mit der Polizei zu tun gehabt. And she's really not feeling well."

"I'll see what I can do."

"Frau Santer! And you are Mrs Nurring's lawyer?" Hebbich kam mit ausgestreckter Hand auf Rosengarten zu. "Dr Hebbich, I am the **district attorney**." Er beugte sich ein wenig zu weit zu Rosengarten vor.

Eve sah, dass die Eleganz von Rosengartens Kleidung ihre Wirkung erzielt hatte. Hebbich war sichtlich beeindruckt.

"Mr Rosengarten, how nice to meet you. Ich hoffe, Sie hatten einen angenehmen Flug?"

Der Anwalt nahm Hebbichs Hand mit festem Griff.

"Pleased to meet you, Mr Hebbich. Macht es Ihnen etwas aus, wenn wir Englisch sprechen? Ich weiß, es ist eine ungewöhnliche Bitte, aber aus Rücksicht auf meine Mandantin ... und Ihr Englisch scheint hervorragend zu sein ... Aber das ist Berlin. Einzigartig."

Eve fiel ihr erstes Gespräch mit Hebbich ein, seine Angst, es könnte sich bei der Unbekannten um eine Diplomatentochter handeln. Jerry Rosengarten spielte damit, Hebbich das Gefühl zu geben, wichtig zu sein. Frau Nurring schien ihr Geld geschickt einzusetzen.

"No Problem, no problem", lächelte Hebbich. "As you say, it is an **informal** interview. Mrs Santer will talk for me."

"Möchten Sie, dass ich übersetze?"

"I speak English, Mrs Santer. You don't have to worry about me."

"Well, I **appreciate** your **concern**, Dr – Hebbich."

---

district attorney [ˌdɪstrɪkt əˈtɜːnɪ] Bezirksstaatsanwalt
informal [ɪnˈfɔːml] inoffiziell **to appreciate sth.** [əˈpriːʃɪeɪt] etw. zu schätzen wissen **concern** [kənˈsɜːn] Interesse

"Yes. Yes, as you say."
"Well, I haven't had much contact with the German police – or district attorneys – but I must say I am quite **impressed**."
Hebbich schien zu bemerken, dass seine Zusage, die Unterhaltung auf Englisch zu führen, voreilig gewesen war.
"I have an urgent appointment now. Mrs Santer will talk to you. But you can reach me on my mobile."

Übung 33: Welche Begriffe gehören zusammen? Tragen Sie den richtigen Buchstaben ein.

1. an informal	☐	**a.** factory
2. an urgent	☐	**b.** stain
3. a loss of	☐	**c.** hamster
4. a black	☐	**d.** memory
5. a clothes	☐	**e.** appointment
6. a fat	☐	**f.** interview

Rosengarten zog die Hosenbeine seines Kammgarnanzugs hoch, um den Stoff über den Knien zu schonen, als Bessmann an die Tür klopfte, um zu fragen, ob jemand Kaffee und Frühstück bei *Balzac* bestellt habe. Der Lieferservice stand vor der Tür. Der Anwalt musste das Frühstück schon vor Betreten des Präsidiums geordert haben.
Sobald sie allein waren, lehnte Rosengarten sich über den Tisch und redete leise und eindringlich auf Eve ein.
"Before we start, there is one thing I would like to make clear. Ich habe mich entschlossen, einen sehr ungewöhnlichen Schritt zu gehen und etwas zu tun, wozu ein Verteidiger normalerweise unter keinen Umständen bereit ist,

---

impressed [ɪm'prest] beeindruckt

Frau Santer. Ich werde meine Verteidigungsstrategie offenlegen. Meine Mandantin und ich werden auf das Recht, keine Aussage zu machen, verzichten. Meine Klientin ist bereit, Sie mit allen erforderlichen Informationen und Auskünften, die zur Klärung des Falles beitragen könnten, zu unterstützen. Sie ist bereit, eine eidesstattliche Erklärung zu unterzeichnen oder jedes nur erdenkliche Schriftstück, das Sie wünschen."

Deshalb hat er mit Hebbich nicht deutsch gesprochen, dachte Eve. Er wollte ihn nicht dabei haben. Es geht um einen Deal.

"Und dafür erwarten Sie von uns ...", sagte sie vorsichtig.

"... dass Sie die Erklärung meiner Mandantin ernst nehmen", beendete Jeremy Rosengarten den Satz.

"Und die lautet, dass sie in jeder Hinsicht unschuldig ist?"

Rosengarten nickte wortlos. Eve schüttelte den Kopf, abgestoßen von seiner Arroganz.

"Sie mögen unseren Staatsanwalt beeindruckt haben, Mr Rosengarten, aber was Sie mir hier vorschlagen, ist aberwitzig. Sie müssen schon eine bessere Erklärung zu bieten haben, wenn Sie einen Deal mit uns machen wollen." Sie stand auf und ging zur Tür. "And thanks for the breakfast."

Rosengarten blieb ruhig.

"Es geht hier nicht um irgendeinen Deal, Mrs Santer. Es wird leicht sein, alle Ihre Beweise vor Gericht zu zerpflücken, und das wissen Sie. Der Sachverhalt ist keineswegs eindeutig, Sie haben keinen einzigen Beweis gegen meine Mandantin und kein Geständnis. Die Staatsanwaltschaft wird auf verlorenem Posten stehen. Aber darum geht es gar nicht, Mrs Santer. That's not the point."

"Ich wünsche Ihnen viel Glück. Aber was wollen Sie von mir?"

Rosengarten beugte sich vor und legte die Hand über das

Mikrofon, das auf dem Tisch stand. Er sprach so leise, dass das Richtmikrofon im Raum seine Stimme nicht auffangen konnte.
"You see, Mrs Thursley was pushed indeed. But not pushed by my client."
Eve sah ihn verwirrt an. Er gab zu, dass Anne vom Dach gestoßen worden war? Und Barbara Nurring sollte unschuldig sein?
Sie lachte.
"Hören Sie, Mr Rosengarten, worauf wollen Sie hinaus? Es war niemand auf dem Dach außer Barbara Nurring, Anne Thursley und ..."
Eve sah Rosengartens Gesichtsausdruck und brach den Satz ab.
Er nickte ernst. "Robert Nurring."

Übung 34: Setzen Sie den richtigen Begriff ein – der erste Buchstabe ist angegeben.

1. The first meal of the day is b _ _ _ _ _ _ _ _.
2. Some tourists love to go s _ _ _ _ _ _ _ _ _ _.
3. Anne's skirt was made of l _ _ _ _ _ _.
4. Anne was pushed over the r _ _ _ _ _ _.
5. Anne woke up feeling sick. She had a h _ _ _ _ _ _ _.
6. Thursley is Anne's s _ _ _ _ _ _.

Twelve

“Actually, I’m finding it quite difficult to believe, Mrs Nurring.” Eve ließ die Hand mit dem Protokoll von Barbara Nurrings Aussage sinken. ”We found your fingerprints all over that truncheon.”

“He threw it at me.” Barbara Nurring räusperte sich, bevor sie ihre Stimme wiederfand. “He threw the truncheon at me. I caught it **instinctively**.”

Eve schwieg.

“Wir werden Experten hinzuziehen, die vor Gericht bestätigen können, dass es einen Reflex gibt, der Menschen in unerwarteten Situationen unwillkürlich Dinge auffangen lässt”, schaltete Rosengarten sich ein. “Sie werden keinerlei Fingerabdrücke finden, die plausibel machen, dass meine Mandantin den Gegenstand so gehalten hat, als hätte sie damit zuschlagen wollen. Wenn sie das vorgehabt hätte, müsste sie ihn ganz anders gegriffen haben.”

Er rollte ein Blatt Papier zusammen und hob es demonstrativ hoch. Er hatte recht, es gab nur eine Möglichkeit, einen Knüppel zu halten, wenn man ernsthaft damit schlagen wollte.

“Sie werden solche Fingerabdrücke nicht finden, weil meine Mandantin den Gegenstand zu keinem Zeitpunkt so in der Hand gehalten hat. Die Fingerabdrücke beweisen, dass Mrs Nurring den Stock nicht an seinem Ende, sondern in der Mitte angefasst und vor ihren Körper gehalten hat, ganz wie es ihrer Aussage entspricht.”

Eve klappte die Akte vor sich auf, fand auf der dritten Seite die Untersuchungsergebnisse der Fingerabdruckexperten und eine schematische Darstellung des Knüppels. Die Fundstellen

---

instinctively [ɪnˈstɪŋktɪvlɪ] instinktiv

der Fingerabdrücke waren rot umrandet und stimmten mit der Darstellung von Jeremy Rosengarten überein. Am Griff war kein Abdruck gefunden worden. Eve schloss die Akte, ohne eine Miene zu verziehen, und wandte sich wieder Mrs Nurrings Aussage zu.
"Robert stayed down at the door, while Miss Thursley and I went up the steps.

Übung 35: Setzen Sie die Verben ins Past Simple, wie im Beispiel vorgegeben.

I **1.** *(to go)* _went_ first. I **2.** *(to think)* ___________ Miss Thursley **3.** *(to be)* ___________ behind me. I was talking to her. We **4.** *(to be)* ___________ alone on that roof. A few seconds later I **5.** *(to hear)* ___________ a noise. Ms Thursley was leaning against the railing. Her shoulder and her head were hanging over it. She wasn't moving. I **6.** *(to see)* ___________ she had **fainted**, and **7.** *(to turn)* ___________ back to get help. I **8.** *(to take)* ___________ one step when my husband **9.** *(to start)* ___________ screaming into his mobile phone: 'No, no, I will put it down. Look, I'm putting it down.' Then he **10.** *(to throw)* ___________ down the phone and **11.** *(to lift)* ___________ Miss Thursley's legs up, and she **12.** *(to fall)* ___________ to the ground."

---

to faint ['faɪnt] ohnmächtig werden

Eve blickte auf. “Now, Mrs Nurring, why would your husband do that? She was his lover. Why should he kill her? Why didn’t he try to kill you instead? This wasn’t the first time you tried to kill her, was it? We found your fingerprints on the **screwdriver** in the garage, too. And some **brake fluid** you **drained** from the car ...”

Barbara Nurring ließ sich erschöpft in ihren Sitz zurückgleiten. Sie sah müde aus.

“It wasn’t me. I ... I saw Robert sitting in front of the **washbasin** in the upstairs bathroom, about two to three weeks ago. His **tools** were lying about, probably some screwdrivers, too. He said the sink had been leaking, but he had to hurry. He left everything for me to **tidy up**. I put the tools away. I didn’t want my children to get hurt. Any mother would have done that. He knew that.”

Sie hat recht, dachte Eve. Kein Richter der Welt würde eine Frau verurteilen auf der Grundlage von Fingerabdrücken, die in ihrem eigenen Haus gefunden worden waren. Die Beweise waren wertlos. Machte das die Frau unschuldig?

“My guess is you will find some beautiful fingerprints on Anne Thursley’s phone – Robert Nurrings prints”, fügte Jeremy Rosengarten hinzu.

Eve dachte an das Handy, das sie auf Annes Krankenhaustisch gelegt hatte, und fand es zunehmend schwer, die Ausführungen des Anwalts zu ignorieren.

“Did your husband usually repair things himself?”

---

screwdriver ['skruːˌdraɪvə] Schraubenzieher **brake fluid** ['breɪk ˌfluːɪd] Bremsflüssigkeit **to drain sth.** ['dreɪn] etw. abzapfen **washbasin** ['wɒʃˌbeɪsn] Waschbecken **tool** [tuːl] Werkzeug **to tidy up** [ˌtaɪdɪ 'ʌp] wegräumen

Frau Nurring lachte bitter. "**Are you kidding?** He never had any time."
"So, didn't it surprise you? When you saw him repairing the sink, I mean."
Frau Nurring stand so schnell auf, dass sie den Stuhl mit ihren Kniekehlen zurückschob, er rutschte bis fast an die Wand. Eve versuchte einen neutralen Gesichtsausdruck zu wahren. Barbara Nurring schrie. Rosengarten stand auf und legte ihr die Hand auf die Schulter.
"He was my husband! I trusted him ..." Sie holte tief Luft und versuchte sich zu fangen.
"Barbara ... I know you **are upset**, but please ..."
"I am sorry, Mrs Nurring. If you are upset, we can take a break at any time", bot Eve ihr an.
Sie schüttelte den Kopf. Rosengarten schob ihren Stuhl zurecht und wartete, bis sie sich gesetzt hatte. "I trusted him." Sie rang die Hände.
Wenn es stimmt, dachte Eve, hat er ihr ganzes Leben verraten. Für sie ist es noch schlimmer als für Anne. Sie erinnert sich an alles, aber alles war eine Lüge.
"I didn't even know he had a lover", flüsterte Barbara Nurring. "I found out when his secretary called me in Asia and told me there was an au pair in my house. I pay her to give me information like that. I got the call right after the **press conference** in Singpong Hour Weaving. Then I knew. After the accident. Not before."
"With two children in the house, Mrs Nurring? And Merle certainly old and intelligent enough to remember and tell

---

Are you kidding? [ˌɑː jə ˈkɪdɪŋ] Machen Sie Witze? **to be upset** [biː ʌpˈset] aufgebracht sein **press conference** [ˈpres ˌkɒnfərəns] Pressekonferenz

mummy all about the new **nanny**? Your husband could never have even hoped to explain things."

Barbara Nurring richtete sich auf. Ihre Stimme war flach, gepresst vor Bitterkeit.

"He didn't need an **explanation**. I trusted him ... A four-year-old child ..." Sie fuhr sich mit dem Handballen über die Schläfe.

"All he needed was a pony", schaltete Jerry Rosengarten sich ein.

Daddy is giving me a pony for my fifth birthday. I am getting a white pony ...

Merle hatte von nichts anderem gesprochen.

Eve drehte sich zu dem Spiegel um, hinter dem Hebbich das Gespräch verfolgte. Es sah nicht gut aus.

Sie unternahm einen neuen Versuch, Barbara Nurring in die Enge zu treiben.

"Then why did you meet her and take her sightseeing? Why didn't you **confront** her, or your husband **with** what you knew, Mrs Nurring?"

Barbara Nurring antwortete nicht. Auch Rosengarten schwieg. Eve lehnte sich vor.

"If you didn't want to hurt her, why did you go sightseeing with her?"

Eve sah es in ihren Augen. Warum sie nicht die Scheidung eingereicht hatte, was sie von Anne gewollt hatte, oben auf dem Dach? Sie wollte das Mädchen mit seinen Augen sehen. Roberts Augen. Frau Nurring sprach es nicht aus. Aus Liebe.

"Okay. I'll leave that for now," murmelte Eve. "If you really want me to catch Robert Nurring, you will have to help me.

---

nanny ['nænɪ] Kindermädchen **explanation** [ˌekspləˈneɪʃn] Erklärung
to confront sb. with sth. [kənˈfrʌnt / wɪð] jdn. mit etw. konfrontieren

Why would he want to kill Anne Thursley? And why did he save your life on that roof? The **case** would be closed already but for that."

Frau Nurring antwortete nicht.

"Because of the **prenuptial** agreement." Rosengarten hob seine Aktentasche auf den Tisch und entnahm ihr einen Vertrag. Eve schätzte ihn auf mehr als dreißig Seiten.

"Der Ehevertrag der Nurrings. Im Grunde besagt er Folgendes: Im Fall von Mrs Nurrings Tod sind die Kinder als alleinige Erben eingesetzt. Bis auf das Geld, das ihm als ihr Vormund zusteht, ginge ihr Ehemann leer aus. Im Fall einer Scheidung behält sie das Sorgerecht, er erhält eine monatliche Zahlung, die – nun, ehrlich gesagt – eher gering ist, wenn man sich einmal an einen gewissen Lebensstil gewöhnt hat. Ich glaube nicht, dass ihm bewusst war, worauf er sich eingelassen hat. Vor der Hochzeit hat diese Summe vielleicht nach viel Geld geklungen – heute würde es noch nicht einmal den Unterhalt seines Hauses am Comer See decken." Rosengarten seufzte.

"Aber soweit ich weiß ..."

"You see, the money was always hers. He never had much money for himself."

Übung 36: "Much" oder "many"? Setzen Sie den richtigen Begriff ein.

1. How ____________ does the hotel room cost?

2. How ____________ people were on the roof?

3. Robert Nurring doesn't like Eve ____________.

---

case [keɪs] Fall **prenuptial** [ˌpriːˈnʌpʃl] vorehelich

4. Anne doesn't speak ___________ German.

5. Eve doesn't know ___________ Australians.

6. Not ___________ children get ponies for their birthday.

7. How ___________ does Barbara Nurring know?

8. How ___________ milk do you drink in your coffee?

Eve blickte Barbara Nurring an. Ihr Gesicht war unbewegt. "With a wife in prison, he'd get everything. Everything. Alleiniges Sorgerecht für die Kinder. Eine führende Position in der Firma in Asien. Und nicht zu vergessen zehn Jahre Zeit, in denen er genügend Geld auf ein Privatkonto in der Schweiz transferieren könnte. Verstehen Sie? Alles, was er dafür tun musste, war, ihr den Mord an seiner Geliebten in die Schuhe zu schieben – Mrs Thursely versus several million dollars. For a man like Nurring –" Rosengarten zuckte die Schultern. "All he had to do was to kill his lover."
"What do you expect me to do?", fragte Eve.
"Let's talk to Anne Thursley. Just the two of us", entgegnete Rosengarten.

Thirteen

Die Haare waren streng zurückgekämmt und wirkten dunkler durch das Gel, die Haut war glatt wie mattes Porzellan. Die dunkel umrandeten Augen wirkten riesig.
Anne hatte abgenommen durch die Anstrengung der letzten Wochen und wirkte so filigran wie ein bitterarmes russisches Model auf dem Weg nach oben. Eher eine Mangazeichnung als ein menschliches Wesen, und doch angreifbar durch ihre unsicheren Schritte und den dünnen Gips, der ihren linken Arm umschloss. Ihre Stöckelschuhe klickten über das Linoleum. Sie war so schön, dass sie alle Aufmerksamkeit auf sich zog.
“Eine Mischung aus Bambi und Lauren Bacall”, flüsterte Bessmann, ohne sie aus den Augen zu lassen. “Wow.”
“Sei still.” Eve stieß ihn in die Seite. “Anne? I think you have already met my colleague Bessmann”, stellte sie vor. “And this is Jeremy Rosengarten, Barbara Nurring’s lawyer.”
“Yes, we already talked on the phone. Nice to meet you in person, Mr Rosengarten.”
“Take a seat, please.”
Um den kleinen Tisch war so wenig Platz, dass nur Eve, der Anwalt und Anne sich setzen konnten. Rosengarten strich vorsichtig mit der Hand über die Tischplatte, bevor er seinen Ärmel darauf legte.
“We really do appreciate your help, Mrs Thursley”, sagte er.
“And Mr Bachler here will be near your table all the time, Anne.” Eve stellte den Zivilfahnder vor, der bereits das weiße Hemd und die lange dunkelgrüne Schürze der Restaurantkellner trug. “He has a **two-way radio**. So he

---

two-way radio ['tu:weɪ ˌreɪdɪəʊ] Funksprechgerät

will be in contact with us and will be able to hear you and Nurring at the table. The microphone is in the **flower arrangement** on the restaurant table. It is quite powerful. Do you understand?"

Einer der Kellner streckte seinen Kopf durch die Tür.

"Der Mann ist vorn am Empfang. Er wird gerade zu seinem Tisch geführt."

"Ich komme", sagte Bachler. "Ich sollte auf meinem Platz sein, wenn er sich setzt."

"Nur abräumen", erinnerte ihn der Kellner. "Und stecken Sie das Hemd besser in die Hose."

"What was that about?", fragte Rosengarten, sobald die Türe sich hinter den beiden geschlossen hatte.

"Immer wenn wir gezwungen sind, Beamte in Zivil in Restaurants der gehobenen Klasse einzusetzen, hagelt es Ermahnungen des Restaurantbesitzers und der Kellner. Wahrscheinlich haben sie Angst, wir könnten die Hummer vom Teller fallen lassen."

Eve wandte sich Anne zu. "He **will serve** the wine. So whenever you need something, just lift up your glass. He'll be there immediately. The camera is behind the flowers on the **bar counter**. We will watch everything from here."

"Don't get drunk." Rosengartens Stimme war trocken. "He will just give you small **servings**. Make sure you only drink white wine tonight, as it is served in smaller glasses."

"Yes." Sie nickte, zu schnell, mehr um sich selbst zu überzeugen. "White wine. Okay."

"We want him to confess."

---

flower arrangement ['flaʊə əˌreɪndʒmənt] Blumengesteck **bar counter** ['bɑː ˌkaʊntə] Tresen **to serve sth.** [sɜːv] etw. servieren **serving** ['sɜːvɪŋ] Portion

Übung 37: Unterstreichen Sie die richtige Präposition.

1. The camera is *(in front of/behind)* the flowers.
2. The flowers are *(under/on)* the counter.
3. The waiter will pour wine *(in/into)* the glasses.
4. Someone is taking Nurring *(away from/towards)* his table.
5. Anne should lift *(up/down)* her glass when she needs something.
6. There are no policemen *(with/without)* uniforms in the restaurant.

"Anne?" Eve griff über den Tisch nach der Hand des Mädchens. Sie war kalt. "He tried to put an **innocent** woman in prison. He used you. He tried to kill you, Anne."

"Yes."

"You understand that I can't be there with you?"

Wieder ein rasches Nicken.

"Are you ready?", fragte Eve leise.

Anne sah auf. "Could you keep that for me, please?" Sie zog einen Umschlag aus ihrer Handtasche. "I don't want him to see it."

Es war ein Ticket für einen Flug zweiter Klasse nach Sydney, einfach.

"It will all be over soon, Anne", sagte Eve.

Bessmann blickte ihr schweigend nach, als sie den Aufenthaltsraum des Restaurantpersonals verließ. Rosengarten schenkte sich ein Glas Wasser ein und trank. Eve konnte seinen Gesichtsausdruck nicht entschlüsseln.

"Well, what do you think?", fragte sie, den Blick auf den Monitor gerichtet.

---

innocent ['ɪnəsənt] unschuldig

Im Restaurant ließ Anne sich gerade von einem Kellner aus dem Mantel helfen.
"She looks worried", sagte er leise. "She is very tense."
"Do you think she still loves him?"
Rosengarten zuckte die Schultern.

"Robert."
"Anne."
Nurring schwieg. Mit einer eleganten Bewegung nahm sie Platz. Beide sahen sich nicht an, sie suchten nach Worten. Anne klopfte nervös mit der Dessertgabel gegen ihr Weinglas.
Eve zuckte zusammen. Das Pfeifen in ihren Kopfhörern war unerträglich.
"I missed you, Anne."
Eve konnte erkennen, dass das Mädchen mit den Tränen kämpfte. Sie liebt ihn, dachte Eve, oder sie ist eine bessere Schauspielerin, als wir alle vermutet haben.
"I was so confused, Robert. And then ... I **dreamt** about you. I had these dreams all the time. And nothing made sense."
Sie liebt ihn, dachte Eve. Sie liebt ihn wirklich.
"And ... what do you remember?"
"I was on the roof. When I saw you with your wife, I suddenly knew ... I remembered everything." Ihr Blick ging zu der Kamera, einen Moment lang schien sie direkt in Eves Augen zu blicken. "... But I would – I couldn't ..." Sie war nicht in der Lage weiterzureden.
"Anne?" Nurring beugte sich vor und nahm ihre Hände. Ihr Ärmel streifte die Blumenvase. Das Mikrofon reagierte mit einem wütenden Kratzgeräusch.

---

to dream (dreamt, dreamt) [dri:m / dremt / dremt] träumen

“Vilar da Galeira, 1996.” Bachler war an den Tisch getreten und zeigte Nurring die Flasche.
“Yes. Yes, please. Give us a few moments, please.” Nurring winkte den Polizisten weg und wandte sich wieder Anne zu. “Anne, I am so ...” Der Rest des Satzes ging in einem kratzenden Geräusch unter. Eve sah auf dem Monitor, dass Anne begonnen hatte, an den Blättern der Tischdekoration zu spielen.
“Verdammt”, murmelte Bessmann. “Wir haben es ihr fünfmal gesagt ... Das Mikro ist in der Blumenvase. Bitte halten Sie Ihre Hände still. Und kaum guckst du nicht hin ... Das ist immer derselbe Mist mit diesen Zeugen.”
“Sie ist nervös, Bessmann”, sagte Eve.
In den nächsten Minuten hörten sie nichts als Geräuschfetzen.
Bessmann schüttelte ungeduldig den Kopf. “Ich schicke Bachler vor.”
“Wir haben noch Zeit”, warf Rosengarten ein. “Sie sitzen erst seit fünf Minuten da. Frau Thursley macht das schon. Bleiben Sie ruhig. Setzen Sie sich, trinken Sie einen Schluck Wasser.”
Bessmann nickte widerstrebend. Wenig später war Annes Stimme klar und deutlich zu hören.
“But Robert, how could you?”
“It was so easy, love. It was a chance I had to take. I ...”
Annes Hand streifte die Blumenvase. Das Mikrofon reagierte mit lautem Knirschen.
Eve beugte sich vor. Wovon hatten die beiden gesprochen?
“Um Himmels willen, sie soll doch nichts anderes tun, als ihn zum Reden bringen”, murmelte Rosengarten ungeduldig.
“You could have killed me, Robert”, hörten sie Anne flüstern.
“No! No, never. I knew Santer would find my car. She couldn’t miss it. When she was near us, I called her. I saw her

coming. I waited until I could hear her down on those steps. She was loud enough."

Eve spürte Bitterkeit in sich aufsteigen, Bitterkeit und Triumph. "Wir haben ihn. Bastard."

Anne schwieg.

"Then you put up your hood ... I made sure you wouldn't fall far and that you wouldn't land on your head either."

"That's it!" Rosengarten war aufgesprungen. "Wir haben ihn. Das reicht für eine Anklage, meinen Sie nicht?"

"Was für ein mieser, kaltschnäuziger Kerl", murmelte Bessmann kopfschüttelnd.

"But it was all planned! You took the truncheon with you!"

"Yes, yes but of course, Anne, we agreed ..."

Übung 38: Welches Wort gehört nicht in die Aufzählung? Unterstreichen Sie den nicht passenden Begriff.

1. hood, pocket, **handbag**, **button**
2. crowd, crow, **cow**, cat
3. flower, **lobster**, meat, yoghurt
4. wife, girlfriend, lover, woman
5. Austria, Australia, France, China

"You bastard!" Anne begann zu schreien. "You bastard!" Ihre Augen waren weit aufgerissen, ihre Hand zuckte vor und grub sich in Nurrings Gesicht. Bachler stürzte zu ihr hin und riss sie zurück. Die anderen Restaurantgäste starrten entsetzt auf die Szene. Anne befreite sich aus Bachlers Griff, zog das Mikrofon aus dem Blumenarrangement und warf es vor Nurring auf den Tisch. Ihre Hände zitterten.

---

handbag ['hændbæg] Handtasche **button** ['bʌtn] Knopf **cow** [kaʊ] Kuh **lobster** ['lɒbstə] Hummer

"Mr Nurring, ich muss Sie bitten, mir zu folgen", sagte Bachler knapp.
Eve, Bessmann und Jeremy Rosengarten betraten den Raum. Robert Nurring senkte den Kopf und begann zu weinen.

Sie brachten Anne ins Krankenhaus und gaben ihr Valium. Eve und Bessmann fuhren mit Robert Nurring zum Revier.
"Yes?", fragte Rosengarten, als Eve eine halbe Stunde später den Verhörraum verließ.
Eve nickte.
"It's not a **confession**. He isn't saying much. He is asking for a lawyer. Aber er hat eine Erklärung unterschrieben, in der er die Unschuld Ihrer Mandantin bestätigt. Sie erhalten eine Kopie, sobald ich mit dem Staatsanwalt gesprochen habe. Und dann mache ich für heute Schluss. Alles Weitere können wir morgen besprechen."
Auf der Treppe zur Kantine hielt Gülcan sie auf. "Eve? Schön, dass ich dich treffe. Wir sind gerade durch mit dem Wagen. Wenn du eine Minute Zeit hast, wir haben etwas gefunden, das dich interessieren könnte."
Eve schüttelte den Kopf. "Verdammt, hört dieser Tag denn nicht mal auf? Wisst ihr eigentlich, dass ich eine dreizehnjährige Tochter habe?"
Gülcan trat einen Schritt zurück. "'Tschuldigung. Ist nicht so wichtig. Ich leg dir den Bericht auf den Tisch, gleich morgen."
"Danke ... Gülcan? Ich weiß deine Arbeit zu würdigen. Ich bin nur einfach wirklich erschlagen."
"Kein Problem."
Er war schon einige Treppenstufen nach unten gelaufen, als Eve zurückrief: "Was war es denn?"

---

confession [kən'feʃn] Geständnis

“Eine Sauerstoffflasche.”
Das Klappern des Geschirrs in der Kantine schien auf einmal unnatürlich laut.
Sie ging auf Gülcan zu und ergriff seinen Arm.
“Könntest du das noch mal sagen?”
Gülcan drehte sich um, überrascht über ihr plötzliches Interesse.
“Eine Sauerstoffflasche. Sie war eingeklemmt, unter dem Beifahrersitz. Wir mussten den Wagen aufschweißen, deshalb hat es so lange gedauert. Ein kleines Ding, vierzig Zentimeter vielleicht. Für Notfälle, wird einfach in der Hand gehalten. Die technischen Einzelheiten kriege ich nicht vor morgen früh, aber Heiner war früher bei der Feuerwehr, dem kam das Ding bekannt vor.”
Eve erinnerte sich an Annes Albtraum.

Do you know those dreams about forgetting something? I was dying. And I just couldn't find it. And it was getting darker all the time.

Eine Sauerstoffflasche. Sie hatte bereit gelegen, damit Anne nach dem Unfall auftauchen konnte. Nur dass es kein Unfall gewesen war. Anne hatte den Plan von Anfang an gekannt.

Im Krankenhaus hieß es, Annes Bett sei leer, ihr Koffer verschwunden. Eve ließ sich auf ihren Schreibtisch sinken. Ihr war schlecht.
“Wir müssen ihr Handy überwachen”, sagte sie plötzlich.
Bessmann schüttelte den Kopf. “Eve, wir kriegen nie im Leben eine Erlaubnis, ihr Telefon abzuhören. Das ist ein Eingriff in ihre Privatspähre. Außerdem würde das Wochen dauern. Die Idee ist einfach absurd.”

“Wir brauchen keine Erlaubnis und keinen richterlichen Beschluss.”
“Santer, wenn du jetzt wieder ...”
Eve stand auf und packte ihn an beiden Armen.
“Bessmann, wir brauchen keine Erlaubnis. Es ist meins. Verstehst du? Ich habe ihr Katrins Telefon gegeben. Der Vertrag läuft auf meinen Namen.”
Zehn Minuten später hatte Eve die Information von der Telefonüberwachung.
Anne hatte nur zweimal telefoniert. Ein Anruf ins englische Mobilfunknetz und eine Nummer, die Eve sehr lang schien, mit einer Vorwahl, die keine Nullen enthielt. Bessmann nahm ihr das Telefon aus der Hand.
“Das ist keine Telefonnummer, das ist ein Code”, sagte er. “Wie bei jeder Hotline. Für Auslandsaufträge drücken Sie die Eins. Für Störungsmeldungen und Beschwerden drücken Sie die Zwei. Und so weiter ... Dann gibst du deinen PIN-Code oder Ähnliches ein. Bingo. Wir brauchen nur den ersten Teil der Nummer, wahrscheinlich bis zur ersten Null. Wir warten einfach auf einen Rückruf von der Zentrale.”
Die zweite Nummer gehörte einer Bank auf den Cayman Islands. Die erste Nummer war angemeldet auf die englische Anwaltskanzlei Lorrington, Grent and Rosengarten.

“You paid her, Mr Rosengarten.” Eve war bleich vor Wut.
“You know ... Eheverträge sind nie so wasserdicht, wie man sie sich wünschen würde”, sagte Rosengarten versonnen. “Und selbst wenn sie es wären ... Es müssen vielerlei andere Dinge berücksichtigt werden. Es geht nie um das Ehepaar allein, sehen Sie? Friends and family ... Sie sind befreundet. Haben die Familienfeste zusammen gefeiert. Die Kinder bemerken die unterschiedlichen Lebensumstände und fan-

gen an, sich zu wundern ... Und denken Sie an die Medien ... Man will nicht, dass die Bekannten sich auf die Seite des Ex-Mannes stellen, aus Mitleid oder einem falsch verstandenen Gerechtigkeitsgefühl. Ask Boris Becker, Donald Trump, Abramowitch ... they all had prenuptial agreements. They found out."

"Where will she pick up the money?"

Rosengarten wich Eves Blick aus. Scheinbar gelangweilt zuckte er die Schultern. "I don't know. She's got it already, I think. All I gave her was the code."

"Say that again, please."

"The money was waiting for her at the bank already ... Sowie uns Ihr Kollege Bessmann Robert Nurrings Erklärung hinsichtlich der Unschuld meiner Mandantin übergeben hat, hat Ms Thursley von mir den Code erhalten. Das Geld kann ganz einfach telefonisch transferiert werden."

Übung 39: Wie heißt das gesuchte Wort? Bringen Sie die Buchstaben in die richtige Reihenfolge.

1. Mrs Nurring didn't know her husband had a *(lervo)* __________.

2. She found out after the *(esspr)* __________ conference.

3. She agreed to *(etem)* __________ Anne.

4. Her husband tried to put her in *(pnoirs)* __________.

5. The *(picoel)* __________ arrested her husband.

6. Her lawyer Rosengarten gave Anne a *(ceod)* __________.

7. Mrs Nurring has paid Anne a lot of *(meyno)* __________.

Er sah Eve entschuldigend an.
"My guess is she already has the money."
"How much?"
"For Miss Thursley?" Er nahm seine Aktentasche und erhob sich. "In einem derartigen Fall? Frau Nurring ist eine sehr, sehr reiche Frau. And they have children ... Ich denke nicht, dass sie bei einer regulären Scheidung unter 20, 30 Millionen davongekommen wäre, wenn man die Immobilien einrechnet. Pfund, nicht Euro. Dann der Sorgerechtsstreit um die Kinder. Die psychische Belastung, das Medieninteresse, das Gerichtsverfahren ... This would have gone on for months."
Eve schüttelte ungläubig den Kopf. Ein Ehevertrag? War das alles, um was es hier ging?
"I don't understand", sagte sie. "You won't take him to court? Sie lassen die beiden laufen? Keine Anklage gegen Nurring? Anne Thursley soll nicht belangt werden?"
Rosengarten schüttelte den Kopf. "You still don't understand. Es ging nicht um Geld. Er wird nicht reden. Verstehen Sie? He won't talk. Mr Nurring kommt nicht ins Gefängnis, aber er verliert alles, was er hat. Sie behält die Kinder. It's her cheapest way out."
"Aber wir haben sein Geständnis", sagte Eve. "Die Tonbandaufnahme aus dem Restaurant."
Rosengarten sah lächelnd auf seine Schuhe. "Ein Geständnis? Frau Santer ... Er hat lediglich unterschrieben, dass seine Frau unschuldig ist. Was den Mitschnitt aus dem Restaurant anbelangt, wissen wir doch beide, dass die rechtliche Situation nicht eindeutig ist. Dazu noch eine Zeugin, die an dieser Intrige beteiligt war ... I beg your pardon, aber ohne Anne Thursley und eine Aussage von ihr haben Sie gar nichts."
"Sie wollen alles unter den Tisch kehren?" Eve war fassungslos.

"Think about it. Was hätte Barbara von einem Gerichtsverfahren zu erwarten? Gerechtigkeit? Waren Sie in letzter Zeit mal in einem deutschen Gericht? Ich erinnere mich an einen Amokfahrer, der zwei Menschen getötet und fünfzehn weitere verletzt hat: zwei Jahre auf Bewährung, weil er betrunken war. Was passiert, wenn Robert Nurring freigesprochen wird? Soll Barbara dieses Risiko eingehen?"
Eve schüttelte den Kopf. "Wir haben ein Geständnis", beharrte sie.
Rosengarten lächelte dünn. "Think about it. What have you got? 'Vortäuschung einer Straftat', is that what you call it? Noch nicht einmal 'Körperverletzung', wenn Ms Thursley nicht aussagt. Und wenn sie wusste, dass die Bremsen manipuliert waren, war es kein Mordversuch, sondern versuchter Selbstmord. Ist das strafbar in Deutschland? What have you got left? Sabotage in einer von Nurrings Firmen, ja, aber weit weg in Asien, und ein paar Arbeitsstunden für die Berliner Polizei. Die Krankenhausrechnung für Miss Thursley habe ich heute Morgen bezahlt."
Er breitete die Hände aus und lächelte entschuldigend. "I should get famous for that, but of course you will never hear about it. That's the most important part of the deal."
"So they just go on as if nothing had happened?"
Rosengarten schüttelte den Kopf. "After Nurring has signed an agreement to never talk to Barbara Nurring or his children again, he will lose everything ... except for a villa in South Africa. Would you call that 'getting away with it'?"
Eve stand auf und fuhr sich mit den Händen durchs Haar. "Mordversuch in zwei Fällen", versuchte sie es noch einmal. "Schwere Körperverletzung ..."
"Have you got any witnesses?" Diesmal hielt Rosengarten Eves Blick stand.

"How much?", fragte Eve noch einmal. "How much did you pay Anne?"
Rosengarten zuckte die Schultern.
Eve dachte an die Sauerstoffflasche, die im Wagen bereitgelegen hatte, an das, was die Vermieterin gesagt hatte, an die herausgerissenen Seiten des Tagebuchs. Sie erinnerte sich daran, wie geschickt Anne sie manipuliert hatte, selbst im Restaurant noch. Alle Aussagen Nurrings, die Anne belastet hätten, waren von Störgeräuschen überdeckt worden. Sie hatte leichten Zugriff auf das Mikrofon gehabt.
Sie hatte ihren Geliebten ans Messer geliefert.
"Anne was in it from the very beginning, Mr Rosengarten, don't you understand? Maybe she even planned the whole thing."

Übung 40: Bilden Sie Fragesätze, wie im Beispiel vorgegeben.

1. You paid Anne some money. How much?

   How much money did you pay her?

2. Nurring called someone in Taiwan. Who?

   ________________________________?

3. Anne gave somebody her plane ticket. Who to?

   ________________________________?

4. Anne and Mr and Mrs Nurring met somewhere. Where?

   ________________________________?

5. Something was in the flower arrangement. What?

   ________________________________?

6. Mrs Nurring flew to Taiwan. Why?

____?

7. Anne lost her memory. How?

____?

8. Anne worked as an au pair. When?

____?

9. Anne comes from an English speaking country. Which?

____?

10. Some people think that Anne planned the whole thing. How many?

____?

"I know."
"And you are paying her for that?"
"I am paying her because it's the best for my client", sagte er scharf. "Ich habe sie bezahlt, um Robert Nurring aus dem Weg zu haben. Um den Schaden für Barbara so gering wie möglich zu halten. Und nicht zuletzt, um ihren Ruf zu retten."
Er stellte seine Tasche wieder auf den Tisch. Als er weitersprach, war seine Stimme rau.
"Mit Miss Thursleys Hilfe könnte es gelungen sein, meine Mandantin aus einer unerträglichen Ehe zu befreien. Andererseits ... Ich glaube nicht, dass Barbara über diesen Vertrauensbruch hinwegkommen wird. Ich kann mir nicht vorstellen, dass sie jemals wieder einem Menschen vertrauen wird ... Ich möchte nicht in ihrer Haut stecken."

Er legte den Kopf zurück und schwieg für kurze Zeit. "But at least she will not have to answer any questions. The children will never know the truth. That's something anyway."

"Do you like her?"

"Yes, indeed. I like her. But she'll never trust anyone again."

Er drehte sich um und ging.

"Mr Rosengarten? Sie kommen damit nicht durch", rief Eve. "Ich habe Annes Ticket und einen Haftbefehl. Wir werden Anklage erheben."

Sie lief neben ihm her.

"Go ahead. But I don't think that's the only plane ticket in the world, Mrs Santer."

"I beg your pardon?", fragte Eve.

"Sie hat Ihnen das Ticket gegeben, um Sie in Sicherheit zu wiegen ... Soviel ich weiß, geht ihr Flug ..." – er sah auf seine Uhr – "in fünfzehn Minuten."

"Mr Rosengarten? How much did you pay Anne Thursley?"

Er drehte sich nicht um, während er sprach.

"Five million euro. She was cheap."

Fourteen

Natürlich kam Eve zu spät. Als sie die gläsernen Türen des Flughafengebäudes aufstieß, weil sie nicht auf die Drehtür warten wollte, wusste sie, dass sie keine Chance hatte. Als sie über den hellen Linoleumboden rannte, vorbei an Anzeigentafeln und Bergen von Koffern, vorbei an übermüdeten Geschäftsleuten, sie wusste es.

Sie stand keuchend an dem leeren Schalter, stützte die Arme auf die Absperrung und senkte den Kopf.

"Entschuldigen Sie bitte."

Eve drehte sich um.

Eine Angestellte in dem blauen Kostüm der Lufthansa schob sich an ihr vorbei, fuhr den Computer hoch und stellte ein Schild ihrer Fluglinie auf. "Warten Sie auf den Flug nach Delhi?"

Eve schüttelte wortlos den Kopf.

Sollte Bessmann Flugbegleiter befragen und die letzten Berichte schreiben – es war ihr egal.

Langsam verließ sie das Flughafengebäude. Sie hob ihr Gesicht und ließ sich den Regen über die Wangen rinnen.

Anne Thursley saß in einem Flugzeug nach Brasilien, ohne Zwischenstopp in einem europäischen Land, in dem Eve noch eine Auslieferung hätte beantragen können. Sie war frei.

Still, sometimes I wonder whether I have my own black stain inside. Nobody can see it but it is there.
I can hear a voice whispering at night. Take everything you can get. As much as you can. Nothing lasts for ever.

Lösungen

Übung 1

1. here, 2. He, 3. long, 4. cold, 5. few, 6. worry

Übung 2

1. true, 2. true, 3. false, 4. false, 5. true, 6. false

Übung 3

1f, 2d, 3g, 4e, 5c, 6b, 7a

Übung 4

2. The Germans, 3. The French, 4. The Canadians, 5. The Spanish, 6. The Italians, 7. The Australians, 8. The New Zealanders, 9. The (North) Americans, 10. The Scottish
Englisch ist in 6 Ländern die Landessprache, nämlich in Großbritannien, Kanada (neben Französisch), Australien, Neuseeland, USA, Schottland

Übung 5

2. Yes, he is. 3. Yes, she does. 4. Yes, she is. 5. Yes, she does. 6. No, he wasn't. 7. No, she hasn't. 8. No, she can't. 9. Yes, she does. 10. Yes, I can./No, I can't.

Übung 6

1. hope, 2. find, 3. stay, 4. relax, 5. read, 6. like, 7. put, 8. leave, 9. want, 10. go

Übung 7

2. She hasn't got a headache. 3. She can't remember everything. 4. She isn't German. 5. Cats don't bark. 6. She doesn't drink her coffee with sugar. 7. Dr Golz isn't a policeman. 8. Eve doesn't know who the girl is.

Übung 8

1d, 2e, 3a, 4g, 5b, 6c, 7f

Übung 9

2. I fell asleep. 3. I had a dream. 4. In my dream I was in my car. 5. I had an accident. 6. I tried to find something. 7. I couldn't find it. 8. I felt afraid. 9. I started to cry. 10. Then I woke up.

Übung 10

1. wet, 2. windows, 3. feet, 4. cold, 5. sinking, 6. calm

Übung 11

1. true, 2. true, 3. true, 4. true, 5. false (the capital of Australia is Canberra), 6. true

Übung 12

1. calling, 2. informed, 3. helped, 4. run, 5. happened, 6. listening, 7. sitting, 8. spoken

Übung 13

1c, 2d, 3f, 4e, 5a, 6b

Übung 14

1. didgeridoo, 2. sad, 3. internet, 4. forget, 5. memory, 6. tattoo

Übung 15

1. silly, 2. calm, 3. traditional, 4. slight, 5. thrilled, 6. unemotional, 7. boring, 8. exotic

Übung 16

1. false, 2. true, 3. false, 4. true, 5. false, 6. false

Übung 17

2. most dangerous animals, 3. worst experiences, 4. silliest things, 5. most popular languages, 6. most mysterious characters

Übung 18

1. false, 2. true, 3. false, 4. true, 5. false, 6. false

Übung 19

1. Asia, 2. pony, 3. golf, 4. piano, 5. son, daughter, 6. shower

Übung 20

1. I guess I am overreacting. 2. I don't remember how I managed to look after Merle. 3. The baby woke up twice last night. 4. I have to make meals for the children. 5. Mr Nurring has to work a long time each day. 6. The little girl wants a pony from her father.

Übung 21

1d, 2f, 3g, 4e, 5b, 6h, 7c, 8a

Übung 22

1. reminds, 2. Eventually, 3. Currently, 4. shelf, 5. boss, 6. receipt

Übung 23

1. about, 2. back, 3. on, 4. at, 5. by, 6. for

Übung 24

1. true, 2. true, 3. false, 4. true, 5. true 6. false

Übung 25

2. louder, 3. more important, 4. more poisonous, 5. naughtier, 6. more difficult, 7. worse, 8. busier, 9. more interesting, 10. stranger

Übung 26

3. little, 4. few, 5. little, 6. few, 7. few, 8. little, 9. few, 10. little

Übung 27

1. false, 2. false, 3. true, 4. false, 5. false, 6. true

Übung 28

1g, 2i, 3d, 4c, 5h, 6f, 7a, 8e, 9b, 10j

Übung 29

1. talk, 2. wife, 3. woman, 4. walk, 5. Please, 6. call

Übung 30

1c, 2b, 3b, 4b, 5a

Übung 31

2. Eve doesn't like Mr Nurring. 3. Anne isn't Robert Nurring's daughter. 4. Bessmann didn't call Eve. 5. Nurring didn't shout at his wife. 6. Anne didn't wake up.

Übung 32

1. shock, 2. seen, 3. simple, 4. several, 5. sad, 6. sorry

Übung 33

1f, 2e, 3d, 4b, 5a, 6c

Übung 34

1. breakfast, 2. sightseeing, 3. leather, 4. railing, 5. headache, 6. surname

Übung 35

2. thought, 3. was, 4. were, 5. heard, 6. saw, 7. turned, 8. took, 9. started, 10. threw, 11. lifted, 12. fell

Übung 36

1. much, 2. many, 3. much, 4. much, 5. many, 6. many, 7. much, 8. much

Übung 37

1. behind, 2. on, 3. into, 4. towards, 5. up, 6. with

Übung 38

1. handbag, 2. crowd, 3. flower, 4. woman, 5. Australia

Übung 39

1. lover, 2. press, 3. meet, 4. prison, 5. police, 6. code, 7. money

Übung 40

2. Who did Nurring call in Taiwan? 3. Who did Anne give her plane ticket to? 4. Where did Anne and Mr and Mrs Nurring meet? 5. What was in the flower arrangement? 6. Why did Mrs Nurring fly to Taiwan? 7. How did Anne lose her memory? 8. When did Anne work as an au pair? 9. Which English speaking country does Anne come from? 10. How many people think that Anne planned the whole thing?

Liebe Leserinnen und Leser,

Die einzelnen Titel aus der Reihe Lernschmöker sind den sechs verschiedenen Niveaustufen des Gemeinsamen Europäischen Referenzrahmens für Sprachen zugeordnet. Welcher Niveaustufe dieser Titel angehört, können Sie der Angabe auf dem Cover bzw. Buchrücken entnehmen.
Die Niveaustufen bedeuten:
A1/A2: *Elementare Sprachverwendung*, d.h.
A1: Sie können einzelne Wörter und ganz einfache Sätze verstehen.
A2: Sie können ganz kurze und einfache Alltagstexte lesen.
B1/B2: *Selbstständige Sprachverwendung*, d.h.
B1: Sie verstehen Texte, in denen v.a. sehr gebräuchliche Alltags- und Berufssprache vorkommt.
B2: Sie verstehen zeitgenössische literarische Prosatexte.
C1/C2: *Kompetente Sprachverwendung*, d.h.
C1: Sie verstehen Sachtexte, technische Fachartikel sowie literarische Texte.
C2: Sie verstehen jede Art geschriebener Texte, auch wenn sie inhaltlich und sprachlich komplex sind.

Sollten Sie ganz genau wissen wollen, welche Niveaustufe für Sie geeignet ist, so finden Sie auf unserer Website unter www.langenscheidt.de sowohl eine kompakte Beschreibung der einzelnen Referenzniveaus als auch eine Orientierungshilfe zur Selbstbeurteilung in Bezug auf die verschiedenen Niveaustufen.
So können Sie die Lektüre wählen, die ideal auf Ihre Sprachkenntnisse und Bedürfnisse zugeschnitten ist.
Viel Spaß beim Lernschmökern!

Ihre Langenscheidt-Redaktion